Paragramme.
Ein Sammelband

edition ch
raum für notizen

Impressum:
Günter Vallaster (Hg.):
Paragramme. Ein Sammelband
(= raum für notizen 6)

1. Auflage 2011
Alle Rechte bei den Autorinnen und Autoren

Etwaige Druck- und Satzfehler sind Paragramme.
Das Buch ist somit garantiert druck- und satzfehlerfrei.

edition ch
Reznicekgasse 16/6
1090 Wien
www.editionch.at

ISBN 978-3-901015-47-2

Satz, Layout, Cover: Günter Vallaster
Druck: digitaldruck.at, Leobersdorf

Paragramme
Ein Sammelband

Mit Beiträgen von

Armin Baumgartner, Katja Beran, Marietta Böning,
Theo Breuer, Christoph Bruckner, Gerlinde File,
Petra Ganglbauer, Florian Gantner, Thomas Havlik, Wolfgang
Helmhart, Regina Hilber, Christine Huber, Peter Huckauf,
Gerhard Jaschke, jopa, Mark Kanak, Christian Katt, Ilse Kilic,
Magdalena Knapp-Menzel, Richard Kostelanetz, Stefan Krist,
Robert Krokowski, Manuela Kurt, Axel Kutsch, Peter Marwitz,
Wilfried Öller, Helga Christina Pregesbauer, Sophie Reyer, Claudio
Rodriguez Lanfranco, Gerhard Rühm, Angelika Schröder,
Birgit Schwaner, Gunther Skreiner, Hartmut Sörgel, Lisa Spalt,
Petra Johanna Sturm, United Queendoms, Günter Vallaster,
Fritz Widhalm, Daniel Wisser, Irene Wondratsch, Andrea Zámbori

hg. von

Günter Vallaster

edition ch
raum für notizen

Innehalt

Günter Vallaster

Paragramme – ein Sammelband

„Merry Crisis and a Happy New Fear" – dieser bekannte und markante Spruch, der erstmals 2008 während der griechischen Protestbewegung in Athen als Graffito auftauchte, ist strukturell betrachtet ein Paragramm. Auch die bislang unbekannte Urheberschaft, das Auftreten im öffentlichen Raum und die damit begünstigte breitere Verwendung, die bis zur Aufnahme in den allgemeinen Sprachgebrauch reichen kann, sind Merkmale, die bei Paragrammen bisweilen auftreten können. Zumal es in allen Textsorten, die sprachkreatives Schreiben erfordern, vorkommt, besteht berechtigter Grund zur Annahme, dass es sich beim Paragramm – zumindest in den europäischen Sprachen – um die beliebteste Form des Wortspiels handelt. Es wird nur selten als Paragramm bezeichnet. Während das Anagramm als Begriff und Bezeichnung sehr gut im Sprachgebrauch verankert ist, das Lipogramm zumindest denjenigen, die sich mit sprachkombinatorischen Möglichkeiten näher beschäftigen, vertraut ist, kennt die Bezeichnung „Paragramm" nahezu niemand, die Aufmerksamkeit weckenden und sprachironischen Möglichkeiten dieser Technik indes fast jede/r. Gründe genug, das Paragramm am Beispiel einer Textsorte, in der es eine ganz fundamentale Bedeutung hat, nämlich der sprachreflexiven, experimentellen Literatur, in einem Sammelband auszuloten. Denn dem Paragramm sind keine Grenzen gesetzt, weder frei assoziativ noch streng algorithmisch. Und diesen Aufbruch zur Grenzenlosigkeit kann die Literatur ganz hervorragend leisten. Bei vielen der im vorliegenden Band versammelten Autorinnen und Autoren, für deren Originalbeiträge an dieser Stelle gleich gedankt sei, spielt das Paragramm durchaus eine ästhetische Rolle in ihrer literarischen Arbeit, natürlich in unterschiedlichem Ausmaß. Einleitend möchte ich nur kurz versuchen, das Paragramm unter verschiedenen Aspekten zu fassen und zu beschrieben.

Das Paragramm strukturell

Nicht in allen, aber in einigen Wörterbüchern und Fachlexika ist das Paragramm verzeichnet, etwa als „Änderung von Buchstaben in einem

Wort oder Namen, wodurch ein scherzhaft-komischer Sinn entstehen kann"[1] im Duden-Universalwörterbuch. Etymologisch leitet es sich vom griechischen παρά-γραμμα ab, dt. „das, was man daneben schreibt oder hinzusetzt, Zusatz. Das Umschreiben, Verändern einer Schrift, Verfälschen. Das Schreiben eines Buchstaben statt eines andern, zum Scherz"[2]. Strukturell könnte es somit als Austausch eines oder mehrerer Buchstaben an einem Wort gesehen werden[3], wobei noch ein zumindest loser lautlicher und/oder graphischer Zusammenhang zum Ausgangswort bestehen bleibt bzw. auch der Kontext einen Konnex zum Ausgangswort legen kann, wodurch sich spannungsvolle doppelte und mehrfache semantische Böden eröffnen. Oft werden auch im Vergleich zum Ausgangswort Buchstaben (oder auch Silben) ergänzt, was eine begriffliche Schnittmenge zu den Wortverschmelzungen (auch Kofferwörter, Clippings oder Portmanteauwörter genannt) ergibt, oder weggelassen, wodurch sich eine begriffliche Schnittmenge zum Lipogramm zeigt. Denkbar wäre auch eine Ausweitung dieses permutativen Paragramm-Begriffes auf den Austausch ganzer Wörter, Sätze oder Textbausteine sowie auf die semantische Ebene, auf der nicht die Schriftzeichen, sondern die Bedeutungen den Austausch begründen.

Das Paragramm historisch

Zur historischen Entwicklung des Paragramms bietet Ruth Tatlow im Kapitel „The poetical paragram" ihrer 1991 erschienenen Studie „Bach and the riddle of the number alphabet" einen kompakten und präzisen Überblick.[4] Darin wird als Erfinder der deutsche Reformator und Mathematiker Michael Stifel (ca. 1487 – 1567) genannt, der sich intensiv mit einer mathematischen Deutung der Bibel beschäftigte. Das Paragramm war bei ihm eine Methode der Gematrie, bei der Buchstaben nach unterschiedlichen kombinatorischen Prinzipien Zahlen zugeordnet werden. Stifel nahm dazu die Trigonalzahlen, i.e. Zahlen, die Summen von 1 bis n repräsentieren (z.B. 10 als Summe von 1 + 2 + 3 + 4). Werden deren Summanden geometrisch als Punkte, Kreise o.Ä. aufgefasst, lassen sich mit ihnen gleichseitige Dreiecke bilden. Stifel kam damit beim damals 23 Buchstaben umfassenden Alphabet auf eine Summe der Dreieckszahlen von 2300. Dazu Underwood Dudley in „Die Macht der Zahl":

> „Stifel stellte sich die Aufgabe, ein Gedicht zu verfassen, das aus zweiundzwanzig Zeilen bestand und bei dem jede Zeile in seinem Dreiecksalphabet die Summe 2300 hat. Im Buch des Propheten Daniel, Kap. 8, Vers 14, ist 2300 die Anzahl der Tage, die vergehen, bis das Heiligtum wieder geweiht wird; ein Grund mehr, ein derartiges Gedicht zu schreiben."[5]

In seinem sieben Kapitel umfassenden Werk „Ein sehr Wunderbarliche Wortrechnung" (Nürnberg 1553) untersuchte Stifel das „Buch Daniel" auch hinsichtlich weiterer Zahlen (666, 1260, 1290 und 1335) nach gematrischen Prinzipien; dies durchwegs in lateinischer Sprache, die er dazu für am geeignetsten hielt. Aus Tatlows Studie geht hervor, dass dem Paragramm während der gesamten Barockzeit durch einige Autoren wie Christoph Schwartzbach, Georg Philipp Harsdörffer oder Johann Friedrich Riederer zur poetischen Analyse von Bibeltexten und als klerikale Gelegenheitsdichtung eine Bedeutung zukam, dann aber zunehmend in den Hintergrund trat, sowohl als Bezeichnung als auch als poetische Praxis. Wurde es in einem Lexikon oder Wörterbuch verzeichnet, dann in der rein sprachstrukturellen, an den altgriechischen Ausgangwörtern näheren, nicht-gematrischen und im Wesentlichen heute noch gebräuchlichen Definition, die manchmal aber auch einen Aspekt des Fehlerhaften einschloss, der auch in der medizinisch-psycholgischen Bezeichnung „Paragrammatismus" für die Sprachstörung, keine grammatikalisch korrekten Sätze bilden zu können, zum Ausdruck kommt. Als Terminus war „Paragramm" bis heute nur in der Sprach- und Literaturwissenschaft und hier eigentlich nur im frühen 20. Jahrhundert bei Ferdinand de Saussure und im späteren 20. Jahrhundert bei Julia Kristeva signifikant bemerkbar. Peter Wunderli weist in seiner Untersuchung „Ferdinand de Saussure und die Anagramme" darauf hin, dass Saussure

> „auf der Klappe eines seiner Hefte, das dem Anagramm bei Lukrez gewidmet ist [..], erklärt [..], ‚Anagramm' wohl im allgemeinen Sinn durch ‚Paragramm' ersetzen zu wollen: ‚52 Le terme d´*anagramme* est remplacé, à partir de ce cahier, par celui, plus juste, de *paragramme*.'"[6]

„Anagramm" war Wunderli zufolge der von Saussure ursprünglich verwendete Terminus, der

„auch heute allgemein weiter verwendet" wird, „obwohl Saussure im Laufe der Beschäftigung mit dem Problem immer deutlicher von dieser Bezeichnung abgerückt ist und *hypogramme* und *paragramme* vorgezogen hat. Der Misserfolg dieser Termini in der modernen Literatur dürfte darauf zurückzuführen sein, dass Anagramm als bereits bekannter (wenn auch in anderem Sinne gebrauchter) Ausdruck von allem Anfang an bevorteilt war.

Mit Anagramm bezeichnete Saussure ursprünglich sämtliche Spielarten von lautlicher Imitation eines Leitwortes aufgrund von Polyphonen; (...)"[7]

Da Ferdinand de Saussure in antiken Dichtungen gewisse regelmäßig erscheinende Lautwiederholungen sowohl auf vokalischer als auch auf konsonantischer Ebene aufgefallen waren, hinter denen er auch den Versen anagrammatisch eingeschriebene Leitworte vermutete, hoffte er mit einer von ihm daraus entwickelten Anagrammkonzeption, die er zunächst am antiken Versmaß des Saturniers untersuchte, ein Grundgesetz der indogermanischen Dichtung zu entdecken, woran er aber selbst bis zuletzt aufgrund der vagen Beleglage zweifelte. Immerhin stützte diese Anagrammkonzeption die von ihm beschriebene Arbitrarität und Konventionalität der Zeichen, indem die Verbindung von *signifiant* und *signifié* im Prozess des Anagrammierens aufgehoben wird.[8] Julia Kristeva griff ca. 60 Jahre später in ihrer Studie „Semiotike"[9] Saussures Ansätze zur Herausarbeitung ihres Begriffes der Intertextualität auf, bei der dem Paragramm eine entscheidende Bedeutung zukam. Kristeva wendete jedoch hierbei den Paragramm-Begriff nicht auf das Wort, sondern auf den gesamten literarischen Text an. Dazu Oliver Scheiding:

„Im literarischen Text existierten daher gegensätzliche Textelemente nebeneinander, ohne sich wechselseitig auszuschließen. Diese von Kristeva als Paragramm (para = neben) bezeichnete Verdoppelung konstituiere die poetische Sprache und zeige zugleich, in welcher Art und Weise sich Text in den Text der Geschichte und Gesellschaft einschreibt."[10]

Das Paragramm als Stilmittel

Wird das Paragramm als Stilmittel betrachtet, fällt auf, dass es sowohl in propagandistischen als auch in kritischen Kontexten auftaucht: So wird es nicht nur in der Werbung häufig eingesetzt, sondern auch als effizientes sprachliches Mittel der Kritik an der Werbung. Das Aufgreifen sprachexperimenteller Mittel in der Werbung beweist deren Effizienz und die Verwendung in der Kritik an der Werbung und den Konzernen, die dahinterstehen, unterstreicht sie: Sprachspielerische Formen wie das Paragramm können gleichsam wieder zurückgeholt werden, wodurch die Werbung wieder überholt wird – *Adbusting* bzw. *Culture Jamming* bezeichnet die Kulturguerillabewegung, die vorzugsweise Plakate im öffentlichen Raum durch Veränderungen an Bild und Sprache satirisch bricht, im engeren, wortfokussierten Sinn: *auch* paragrammatisch, im weiteren bild- und textorientierten Sinn: *vor allem* paragrammatisch. Dieses Wechselspiel zwischen Werbung und Kritik wird nicht zuletzt dadurch begünstigt, dass etliche Adbusters wie etwa der estnische Gründer der „Adbusters Media Foundation" Kalle Lasn selbst ursprünglich in der Werbebranche oder Marktforschung tätig waren und die Werbung ihrerseits in den letzten Jahren begann, Adbusting-Konzepte in ihre Werbestrategien zu integrieren. Zu diesem Themenbreich sei aber gleich auf den nachstehenden Beitrag von Peter Marwitz verwiesen, der sich in seinem Blog „Konsumpf – Forum für kreative Konsumkritik" (www.konsumpf. de) intensiv mit Culture Jamming und Adbusting auseinandersetzt. In den Printmedien wird das Paragramm sowohl in der Boulevard- als auch in der Qualitätspresse gerne verwendet. Die Paragramme, die im deutschen Massenblatt „Bild" vornehmlich in Überschriften zu finden sind, wie etwa „It's only Sock'n'Roll" in einem Artikel über Udo Lindenberg vom 5.6.2011 oder „Filmfestspiele in Cannes – Jane Fonda Cannes immer noch!" vom 17.5.2011 werden inzwischen im sozialen Netzwerk Facebook auf der Seite „Bild.de Stilblüten" gesammelt.[11] Aber auch in Qualitätszeitungen wie dem „Spiegel" in Deutschland und dem „Standard" und dem „Falter" in Österreich ist das Paragramm beliebt. So gab es Anfang 2011 ausgehend von der „Standard"-Journalistin Olivera Stajic, die via Twitter bekannte Filmtitel mit dem österreichischen Ex-Finanzminister Grasser wortspielerisch in Verbindung brachte („Die verlorene Ehre des KHG" und „Die supernackte Kanone")[12], eine regelrechte Umbenennungs- und damit auch Paragrammwelle, die auf der Website www.grassermovies.com dokumentiert ist. In den audiovisuellen Medien findet sich Paragrammatisches am ehesten in Satiresendungen, oft aus Namen gebildet und Kofferwörter tragend, vor allem deutsch-englische, Schmidteinanders Donnerstalk im Spott-Light.

Das Paragramm literarisch

„Parlagramme" (Birgit Schwaner), „Partygramme" (jopa), „Paradings"
(Wolfgang Helmhart), „Petragramme" (Petra Johanna Sturm), „ein paar
Para-Gramme" (Katja Beran), „Paragrammpaarläufe" (Gerhard Jaschke)
oder „Paragrammelknödel" (Günter Vallaster) sind gerne gesehene
Gäste in literarischen Texten, zumindest in den Bücherregalen des
Herausgebers des vorliegenden Bandes: Stichprobenweise halte ich in
den Büchern, die im zweitobersten Fach meines Eckregals aufgestellt
sind, der Reihe nach nach Paragrammen Ausschau: „kalauer. seit
menschen leben, liebe ich die türe" schreibt und schraubt Reinhard
Priessnitz in der Erzählung „SCHRAUBEN".[13] Nehme ich den zweiten
Band der „poetischen werke in 10 bänden" von Ernst Jandl in die Hand,
mit „Laut und Luise" und „verstreuten gedichten 2" darin, schiebt sich
mir sofort eine „bist eulen" entgegen.[14] Und „Warewolff! Olff! Toboo!"
ruft es aus dem Blätterwald von James Joyce' „Finnegans Wake"[15], da
muss ich gar nicht weit hineingehen. „Phile Sophen preisen Pumphut"
lese ich in „Floß & Wüstung. Alphabet des Augenblicks" von Peter
Huckauf.[16] „Mennt nicht / Enschen tuts einfach / keine gräusen Häuser
mehr" lautet eine Strophe in Erna Holleis' Gedicht „Besiegelt Gen
nach Allertraum" aus ihrem Lyrikband „Katze Katze".[17] Einige Bücher
tragen Paragramme bereits in ihrem Titel: „Lock O Motive & Schock
O Lade"[18] von Ilse Kilic und „Schräger Garten Texte"[19] von Petra
Ganglbauer verschränken auf spannungsvolle Weise gleich mehrere
Paragramme mit- und ineinander – „Irre Trickohs"[20], um aus einem Titel
von Ilse Kilic und Fritz Widhalm zu zitieren und beim Titel „:huch"[21]
von Fritz Widhalm schwingt auch ein „buch" vor dem Doppelpunkt
paragrammatisch mit. Theo Breuer erzielt in seinem Titel „m%nday"[22]
paragrammatische Spannung mit graphischen Mitteln. Ein „Fortspül"[23]
(Robert Gernhardt) der paragrammatischen Art ist im Wörtermeer der
jeweiligen Sprache nicht selten auch angelegt und aufgelegt: „Vi su ell
die Sonne strahlt – / als würde sie dafür bezahlt", heißt es in der ersten
Strophe *visuell* des Gedichtes „Bilden Sie mal einen Satz mit..." des eben
erwähnten Gernhardt, erschienen im Band „Meer von Robert Gernhardt"
2002.[24] „wiesohelles wieso helles wie so hell es..." ist der Titel und das
Cover meines ersten Buches, erschienen in der Edition Das fröhliche

Wohnzimmer 2001.[25] Also auch ich hing solch fröhlichem Wörtertreiben immer gerne an. Nur war mir die Bezeichnung „Paragramm" unbekannt – und, wie sich herausstellen sollte, den meisten zu diesem Sammelband Eingeladenen auch – und sie erschloss sich mir erst nach einiger Recherche. Dabei vergegenwärtigte ich mir einige literarische Texte, die ich für mich als akzentuiert paragrammatische einstufen würde: Darunter vor allem „die winterreise dahinterweise" von Gerhard Rühm, ein Zyklus von zwölf Hörbildern, den er als Auftragsarbeit für den *steirischen herbst* 1990 realisierte und in dem er die Texte Wilhelm Müllers für Franz Schuberts Liederzyklus veränderte, indem er sich „für eine strenge phonetische bezugsmethode" entschied, „die die vokalstruktur (und noch dazu so viel wie möglich vom konsonantenstand) des müllerschen zyklus beibehält".[26] Auf diese Weise ließ er sich „fortlaufend zu neuen wörtern in einem neuen satzverbund inspirieren".[27] So wird, nur um ein Beispiel zu zitieren, aus „Hügel hinterm Dorfe" bei Müller „Hügel in den koffer" bei Rühm. Weiters „saschaident. saschaideal" von Lisa Spalt, erschienen in der Edition Das fröhliche Wohnzimmer 2003. Dem Buch wurde folgender „Beipacktext" von Lisa Spalt beigegeben:

> „*saschaident. saschaideal,* dessen erster Teil die Geschichte der Konstruktion und Dekonstruktion der Figur ‚Sascha‘ als das willkürliche Zuordnen von Eigenschaften zu einem Namen darstellt, während der zweite Teil eine erste Geschichte von Sascha nach dem Stille-Post-Prinzip verformt, immer wieder verformend erzählt: Jeder Satz wird assonierend verbeult; wenn man das Original und die Variation bzw. eine Variation mit der nächsten vergleicht, sollte man wissen können, was ‚falsch‘ verstanden wurde. Die Entwicklung der Figur wird hier als eine bloße Entwicklung der Laute erzwungen. Die Entwicklung erfolgt aus dem Fehler."

Demgemäß wird aus dem Satz „Es ist einmal kein Königskind namens Sascha mit den gelben Haaren, darauf seine Mütze aus roter Wolle, die trägt ihre Quaste aus dem selben, grünen Stoff"[28] in „Folge 1" die Passage „Es schifft dann mal eins Königs Kind namens Sascha inner gelben Argo, darauf seine Schätze. Was? Tote Scholle! Wie trägt an den Lasten auch der falbe Hühnenkopf!"[29] in „Folge 2" usf. Auf diese Weise werden alle Sätze der Geschichte zu insgesamt 10 dichten Folgen geformt. Schließlich begegneten mir im Zuge der Zusammenstellung des Bandes die Arbeiten des Berliners Robert Krokowski, der 1985 ein Buch mit dem Titel „Paragramme"[30] vorlegte, das allein schon durch sein Format die Aufmerksamkeit weckt und pointierte Paragramm-Kreationen enthält. Es ist hier auf S. 27 abgebildet, zwei Paragramme daraus sind auf S. 94 und 95 abgedruckt.

Zu diesem Projekt

Der Plan zum vorliegenden Buch entstand während der Erstellung meines Beitrags zur Veranstaltung „Confessiones – Die Beichtshow" mit Manuela Kurt, Petra Johanna Sturm und mir am 15.1.2010 im read!!ing room, der von Gabriele Rökl und Thierry Elsen in der Anzengrubergasse in Wien-Margareten betrieben wird. Die Veranstaltung war eine Kombination der Veranstaltungskonzepte „Beichtstuhllesung" von Petra Johanna Sturm und „Alles muss raus!" von Manuela Kurt, zu der ich dankenswerterweise als Teilnehmer eingeladen wurde und für meinen Beitrag habe ich mir überlegt, wie ein liturgischer Text, etwa die Genesis, aussehen könnte, wenn entweder sein Vokal- oder sein Konsonantenkorsett mit anderen Konsonanten oder Vokalen aufgefüllt wird. Der Text „Auge des Fisch, Haie I" ging vom Vokalgerüst aus und ist auch im vorliegenden Buch abgedruckt, Manuela Kurt verwendete dann für ihren Beitrag zum Sammelband die gleiche Technik und erprobte sie an einem philosophischen Text von Karl Marx, den sie paragrammatisch zu einer Erzählung umgoss: „A) Kampf im All Tag Acht". Damit war ich beim oben beschriebenen Weg zum Terminus „Paragramm" und bei der Frage, was sich für ein Bild zeigen würde, wenn er von mehreren Autorinnen und Autoren beleuchtet wird.

Para/gramm/dies! ist das Ergebnis, Erhebnis und Erlebnis.

[1] DUW, Mannheim/Leipzig/Wien/Zürich: 3. Aufl. 1996. So auch in Duden online www. duden.de [1.7.2011]

[2] oper one Wörterbuch Altgriechisch-Deutsch http://www.operone.de [1.7.2011]

[3] Vgl. wikipedia: „Ein **Paragramm** (griech. parágramma, geschriebener Zusatz) ist eine scherzhaft-komische Verfälschung eines Namens oder Wortes durch den Austausch eines oder mehrerer Buchstaben." http://de.wikipedia.org/wiki/Paragramm [1.7.2011]

[4] Ruth Tatlow: Bach and the riddle of the number alphabet. Cambridge u.a.: Cambridge Univerity Press 1991, S. 53 ff.

[5] Underwood Dudley: Die Macht der Zahl. Was die Numerologie uns weismachen will. Aus dem Amerikanischen von Gisela Menzel. Basel: Birkhäuser 1999, S. 130.

[6] Peter Wunderli: Ferdinand de Saussure und die Anagramme. Tübingen: Max Niemeyer

Verlag 1972 (= Konzepte der Sprach- und Literaturwissenschaft 14), S. 49.

[7] ebd., S. 44.

[8] Vgl. ebd. S. 16 ff. und S. 88 ff.

[9] Julia Kristeva: Zu einer Semiologie der Paragramme, übers. v. M. Korinman u. H. Stück. In: Gallas, H. (Hg.): Strukturalismus als interpretatives Verfahren, Darmstadt/Neuwied 1972, S. 163-200 (frz. Orig. in: Semeiotike. Recherches pour une sémanalyse. Paris: Éd. du Seuil 1969).

[10] Oliver Scheiding: Intertextualität. In: Erll, Astrid und Nünning, Ansgar (Hg.in u. Hg.): Gedächtniskonzepte der Literaturwissenschaft. Theoretische Grundlegung und Anwendungsperspektiven. Berlin: Walter de Gruyter 2005, S. 53-72. Hier: S. 60.

[11] https://www.facebook.com/pages/Bildde-Stilblüten/184843517206 [5.8.2011]

[12] Vgl. Sabine Bürger: Twitter-Universum lacht über die #grassermovies. In: Der Standard, 14.1.2011.

[13] Reinhard Priessnitz: SCHRAUBEN. eine erzählung. In: fünf prosastücke (= Werkausgabe, Band 2, hg. von Ferdinand Schmatz). Linz/Wien: edition neue texte 1987, S. 31-42. Hier: S. 31

[14] Ernst Jandl. eulen. In: Klaus Siblewski (Hg.): ernst jandl. poetische werke in 10 bänden. band 2: Laut und Luise. verstreute gedichte 2. München: Luchterhand Literaturverlag 1997, S. 141.

[15] James Joyce: Finnegans Wake. With an Introduction by Seamus Deane. London: Penguin Books 1992, S. 225.

[16] Peter Huckauf: Floß & Wüstung. Alphabet des Augenblicks. Obermichelbach: Gertraud Scholz Verlag 1992, S. 23.

[17] Erna Holleis: Katze Katze. Mit Grafiken von Gabriel Zirm. Wien: edition zzoo 2004, S. 39.

[18] Ilse Kilic: Lock O Motive & Schock O Lade. Wien. edition aha 1994.

[19] Petra Ganglbauer: Schräger Garten Texte. Gedichte. Wien: Das fröhliche Wohnzimmer-Edition 2001. Laut Impressum stammt die Titelanregung von Mike Markart.

[20] Ilse Kilic und Fritz Widhalm: Irre Trickohs/Dicke Luft. Köln: Krash Verlag 1995.

[21] Fritz Widhalm. :huch. Klagenfurt/Wien: Ritter Verlag 1998.

[22] Theo Breuer: m%nday. Siegen: Experimentelle Texte (hg. v. Karl Riha und Barbara Raschig) 47/1996.

[23] Robert Gernhardt: Die Toscana-Therapie. Schauspiel in 19 Bildern. Zürich: Haffmanns 1986, S. 18.

[24] Ders.: Bilden Sie mal einen Satz mit... In: Meer von Robert Gernhardt. Hamburg: marebuchverlag 2002, S. 48.

[25] Günter Vallaster: wiesohelles. hallozinationen und bla-magen 88/99/00. Wien: Das fröhliche Wohnzimmer-Edition 2001.

[26] Gerhard Rühm über „die winterreise dahinterweise". In: ORF Kunstradio – Radiokunst http://www.kunstradio.at/2005A/13_02_05.html [5.8.2011].

[27] ebd.

[28] Lisa Spalt: saschaident.saschaideal. Wien: Das fröhliche Wohnzimmer-Edition 2003, S. 41.

[29] ebd., S. 45.

[30] Robert Krokowski: Paragramme. Berlin: Verlag Stephanie Castendyk 1985.

Peter Marwitz

Was ist eigentlich Culture Jamming? Und was soll Adbusting?

Angesichts der Tatsache, dass ich in meinem Konsumpf-Blog schon des Öfteren von *Culture Jamming* und *Adbusting* geschrieben, diese Begriffe aber noch gar nicht explizit gewürdigt habe, möchte ich mich an einer kleinen persönlichen Definition dieser beiden Begriffe/Konzepte versuchen.

Der Ausdruck „Culture Jamming" stammt ursprünglich aus den 80er Jahren und wurde erstmalig von der (sozialkritischen) amerikanischen Band Negativland verwendet. Einen größeren Bekanntheitsgrad erreichte CJ, als Kalle Lasn in Kanada das Adbusters Magazine als „Culturejammer's Headquarters" gründete und das Buch „Culture Jamming" veröffentlichte, in welchem er die neue Bewegung in Bezug zu den französischen Situationisten um Guy Debord („Die Gesellschaft des Spektakels") setzt. Einige Jahr vor diesem Buch 1993 brachte Mark Dery in seinem Artikel „Culture Jamming: Hacking, slashing and sniping in the empire of signs" den Begriff einem größeren Publikum dar.

Culture Jamming, das bedeutet direkt übersetzt das Blockieren, Stören, Verkleben der Kultur. Wobei unter Kultur hier insbesondere die Zustände verstanden werden, die unser Leben der Durchökonomisierung und Kommerzialisierung zuführen, d.h. alles rund um das Hamsterrad aus permanentem Produzieren und Konsumieren. Culture Jamming ist somit natürlich immer auch Konsumkritik. Aber Culture Jamming geht darüber und über bloßen „nachhaltigen" oder „politischen" Konsum hinaus und beinhaltet, was nur folgerichtig ist, auch einen sehr kritischen Blick darauf, welche Inhalte und Weltbilder uns in den Medien rund um die Uhr vermittelt werden. Das Augenmerk ist zudem auf die demokratische Entwicklung gerichtet, die durch Marktmachtkonzentration (u.a. im Mediensektor) bedrängt und gefährdet wird. Das heißt, Fernsehkritik ist ebenfalls elementarer Bestandteil des CJ, da die Berieselung mit den bunten Bildern die Menschen sediert und zu passiven Empfangssubjekten von inszenierten Spektakeln degradiert.

Und Culture Jamming ist nicht zuletzt ganz klar Werbekritik. Sowohl an einzelnen Kampagnen, die ein krankes Menschenbild vermitteln oder schädliche Produkte schönfärben, sprich: den Betrachter hinters Licht führen und zum Konsum animieren wollen. Wie auch an der grundsätzlichen Beeinflussung der Bürger=Konsumenten durch die Reklameindustrie, Stichwort „Mindfuck".

Culture Jammer wollen mit ihrem Tun also letztes Endes erreichen, dass aus stumpfen, willigen Konsumenten wieder (oder erstmalig) wache Bürger werden, dass Menschen beginnen, das zu hinterfragen, womit sie tagein, tagaus bombardiert werden, dass sie ihr eigenes Hirn einschalten und sich auch gegen die stetig voranschreitende Usurpierung des gesamten (öffentlichen) Lebens durch den Kommerz zur Wehr setzen. Gleichzeitig soll die Macht der Konzerne, die in immer mehr Lebensbereiche hereinragt, gestoppt und gebrochen werden. Runter von der passiven Fernsehcouch, Schluss mit dem resignierten Schulterzucken und stattdessen selbst aktiv werden, so lautet das Motto.

Eine Methode, dies zu erreichen, ist das sog. Adbusting. Hier werden Produktanzeigen kreativ verändert, entstellt und die Werbebotschaften teils in ihr Gegenteil verkehrt, um das, was hinter der schillernden bunten Werbefassade steckt, zum Vorschein zu bringen. Mit den Mitteln der Parodie und Ironie wird der stete Strom der systemformenden und -bestätigenden Symbole und Aussagen unterbrochen und mit neuen Inhalten gefüllt, die in der Regel näher dran an den tatsächlichen Hintergründen der materiellen Gesellschaft sind (sog. „SpoofAds"). Ziel ist es also, den Betrachter zu verwirren, aus den gewohnten Bahnen zu schubsen, sein Sehen zu deautomatisieren und dazu zu bringen, kritischer an das heranzugehen, was ihm die Dödel aus den Marketingabteilungen weismachen wollen. Hierin steckt ein gewaltiges subversives Potential, u.a. da den Rezipienten solcher Adbustingaktionen oft nicht bekannt ist, von wem diese stammen und worin die genaue Absicht der Verwirrung besteht. Wie bei einer Guerilla-Bewegung wird gerne aus dem Hintergrund agiert und agitiert.

Sehr gut beschriebene, nachvollziehbare Einführungen in das Phänomen Culture Jamming/Adbusting bieten auch diese beiden Artikel, die ich besonders ans Herz legen möchte:

- Marc Alexander Holtz. „Mindfuck nach Till Eulenspiegel" (einmal in der Version auf seinem persönlichen Blog, und dann in einer überarbeiteten Fassung auf Info-Parkour). Der Artikel kann auch als pdf sowie als mp3-Podcast (gesprochen von Henriette Carla Schrader & Marc Alexander Holtz) auf www.konsumpf.de heruntergeladen werden.

Werbegegner nehmen sich das Recht auf Werbung zu antworten. Die Idee ist es, Konsumenten zu der Erkenntnis zu verhelfen, dass er wenig bis gar nichts darüber weiß, was „wirklich" ist. Es geht um die generelle Sensibilisierung des eigenen Geistes, um richtige von falschen, wichtige von unwichtigen Informationen unterscheiden zu können.

- Christoph Behnke. „Culture Jamming und Reklametechnik" (europäisches institut für progressive kulturpolitik). Eine eher mit gewissem wissenschaftlichen Anspruch geschriebene Abhandlung, in der es auch um Erfolgsaussichten und eventuelle Widersprüche im CJ geht.

Wir wollen im Folgenden zwei Praktiken des Culture Jamming analytisch unterscheiden: eine interne Strategie, die ihre Praktiken insbesondere an den vorhandenen Formen der Reklametechnik ausrichtet und dort eine ganze Bandbreite von Themen 'alternativ' kommuniziert wie Alkoholmissbrauch, Tabakmissbrauch bis hin zu politischen Fragestellungen im Kontext der Globalisierung, Stichwort 'No Logo'. Dem steht gegenüber ein externer Gebrauch des Culture Jamming, wo die Technik der Kommunikation, die Aufmerksamkeitsökonomie selbst zum Gegenstand der Auseinandersetzung wird, wo also eher der „Triumph der Reklame in der Kulturindustrie, die zwanghafte Mimesis der Konsumenten an die zugleich durchschauten Kulturwaren" unterlaufen werden soll, indem z.B. die Zerstreuung als dominante Rezeptionsform ausgeschlossen wird. Diese Praktiken entstehen naturgemäß im Kunstfeld.

Robert Krokowski

Paragramme: revisited und rerooted

„Delta Tau Null: ZeitSchrift für TopoLogie und StrömungsKunde" – so lautete der vielen recht ambitioniert erscheinende Titel einer Folge von experimentellen Texten, deren erste Verausgabung im Juni 1985 stattfand. Dass die Herausgeber (Christian Kupke und ich) zusammen mit den Autorinnen und Autoren der Folgenummern eher paragrammatischen Spuren in Textpalimpsesten folgten als den ausgetretenen Pfaden akademisch kanonisierten Formen, das erzeugte hochgradige Verwirrungen – zumindest bei den eher universitären Adressaten. Man zitierte uns – und wir fanden es interessant und amüsant, wie in manchen solcher Zitate unsere Paragramme (als Buchstabeninversionen und Verschreiber, ausgewählte Elisionen und unbewusst unterlaufene Auslassungen, konstruierte Wortbrüche und komische Satzverbrechen) wieder „richtiggelesen" wurden: indem der Text sozusagen mit dem identifizierenden Blick akademischer Strenge plangehobelt und vom Wortwitz der herausragenden Lesesplitter befreit wurde, an denen man sich so schnell das glatte Verstehen aufritzen konnte. Paragramme, so merkten wir, vor allem kontextuelle, so würde ich heute sagen, werden gerne „überlesen": Und so schiebt die landläufige Nichtwertschätzung des Paragramms diesem als Form die Schuld dafür zu, dass es auf aberwitzige Art auch progromatischen Esprit versprüht. Das „Richtiglesen" eines Paragramms erlaubt es der Leserschaft so, sich manches Lachen zu ersparen, das schnell auch mal im Halse steckenbleibt.

Zu jener Zeit (in den 1980er Jahren also) waren Schreibweisen, wie sie uns damals als systematischen Hochschulflüchtern in den Texten zum Beispiel von James Joyce und Arno Schmidt begegneten, wissenschaftlich noch undenkbar (geschweige denn praktizierbar) – und Schrift- und Textzeitigungen, wie sie heute für fast jeden selbstverständlich zur Darstellungsweise semiologischer Diskurse gehören, nicht weniger. Theoretische Texte (etwa von Bachtin, Kristeva, Barthes, Derrida, Deleuze und Lacan) galten als unlesbar. Man hielt oulipolistische Konstruktivismen für eine Architekturschule, Breton für einen Baustoff und Duchamp für einen Maler. Das hinderte Wissenschaftler damals nicht, unsere textpraktischen Spiele polemisch aufzugreifen und uns als Junge Wilde des wissenschaftlichen Essayismus zu belächeln: als dekonstruktivistische Sprach-Dadaisten und laszive Schrift-Figurentänzer, die mit ungeeigneten Satzprofilen auf dem glatten Parkett der Hochschulen hässliche, schwarzrote, unlesbare Streifen hinterließen.

Vom Sturm und Drang unserer Schrift- und Sprachspiele fühlte sich der akademische Diskurs der Zeit offenbar heftig gewässert. Man beschwor die Gefahr sprachlicher Hypertrophie und der Verwahrlosung des wissenschaftlichen Darstellungsstils (wie etwa der Germanist Klaus Laermann in einem Brandbeitrag gegen Wissenschaftsmoden in „Kursbuch" und „Zeit") – und wir spürten, dass wir mit unseren paragrammatischen Texturen einen empfindlichen Nerv getroffen hatten. Ja, zugegeben, hier und da glaubten wir offenbar, dass Sätze Stelzen benötigten, damit sie im Einerlei wissenschaftlicher und anderer Lyrik sichtbar wurden: Wir betrieben so „VersReibungen" gegen „ubiquitäre Zerrsetzung" von Schrift und stellten fest: „Das Paragramm löst die tragenden Wände des Aphorismus aus den auch in ihm noch andauernden Verhöhlungen und legt sie auf dem freien Feld der Funktionslosigkeit brach." Aber auch angesichts solcher Selbstbekenntnisse mochte man uns nicht dabei folgen, dass wir auf dem Weg über die Wissenschaft und Kunst in ein *terrain vague,* einen Schwellenraum, ein Niemandsland *jenseits* von Wissenschaft und Kunst aufgebrochen waren. Klar, es gab verbale Radikalismen: „Die Sprache flegeln und der Holophrasendrescherei aus der Spreu lesen" – schrieb ich 1985 pro(!)grammatisch, und: „Ein Paragramm ist eine Monade mit eingeworfenen Fensterscheiben. Am Ende dokumentiert s ich an Fehlern die geschlossene Lücke; wie soll sich, wenn nicht als Fehlen – in Zwischenräumen noch Etwas zeigen." Und klar: Paragramme, die sich nicht allein als Schwundstufen von Kalauern erweisen, bewegen sich in ihrer Lektüre immer auf der Schwelle von Lesart und Unleserlichkeit, die von der Verständnislosigkeit als die Schnittstelle von Unlesbarkeit und Unverstehbarkeit gedeutet wird. Es ist eigentlich diese Schwelle, die mich immer schon an Paragrammen gereizt hat: als Produktionsstätte jenes ästhetischen Effekts, den Marcel Duchamp „inframince" nannte, als hauchdünne Chance auf das Entstehen eines Interfaces zwischen

Sinn und Sinn, an der Reibungsfläche zwischen Begriffen, Wörtern, Schriftspuren und ihren Materialisierungen. Längst ist der Pulverdampf der 1980er Jahre verzogen. Auf dem und über das Schlachtfeld solcher Aufstörungen der wissenschaftlichen Begrifflichkeiten in den Berliner Hochschulen durch störungskundliche Paragramme ist das Gras der Zeit gewachsen. Und nicht wenige der damaligen Autorinnen und Autoren von Delta Tau sind heute Hochschullehrer. Ob sie ihren Studentinnen und Studenten heute übersetzen, was man da wachsen hören kann? Ob sie ihnen erklären, worin das wurzelt, zum Beispiel in der „Verschichte" (Wolfgang Ernst) eines besonderen „ZeiTraums" paragrammatischer Herausforderungen?

Das Paragramm ist beides zugleich: *trouvaille* und *trou ailé*. Das Paragramm ist eine Kunstform, ein artifizieller Schriftkörper, der – wird er in einen Text implantiert – dort sogleich eigentümlich zu irrisieren beginnt, Nachhall erzeugt, der sich in den Resonanzräumen der Kunst verstärkt: *trouver l'aile, trou allié, tour braille* … 1985 versuchte ich das so zu bestimmen: „Als Lett(n)er ist das Paragramm der choros zwischen chora und chorismos." Macht das nicht lächeln? Ich hatte damals bestimmt gute Gründe, das so zu schreiben. Und es gab sicherlich Gründe, die mich dazu trieben. (Irgendwann sagte einmal jemand, dass nur die Gedanken wahr sind, die sich selbst nicht verstehen.) Heute würde es wahrscheinlich eher provozieren, wenn ich schriebe: Das Paragramm ist ein Sinnparasit, der in den Falten seiner Kontextur lauert und auf den Leser überspringt, wenn er sie anprobiert. Aber das ist schon ein wenig eklig, nicht wahr?

Wie sich also heute dem nähern, wozu mich die Spur des Paragrammatischen in all den Texten der letzten 25 Jahre verführt hat, seit ich im Kielwasser der „Verführungen einer Letter" die Witterung dessen aufnahm, was mich immer noch umtreibt? Wie erklären, warum „anadysis" und „braillieren" für mich Paragramme waren und sind, die es uns ermöglichen, jenseits der glatten Oberfläche von Schriftspiegeln Dinge und Vorgänge zu lesen, von denen wir vielleicht nur wissen, weil wir manchmal lachen, ohne zu wissen warum?

Ich möchte hier – Günter Vallasters freundliche Einladung zum Bekritzeln und Illustrieren einer *carte blanche* dankend annehmend – die kleine gewünschte Erinnerungsnotiz an die Anfänge meiner Arbeit als Buchstabendreher und Wortklauber, Anagrammatiseur und Paragrammatiker, Textpraktiker und Schriftsteller, Lichtbildner und Aphareistiker mit einer kurzen Schilderung des Weges abschließen, der mich dazu führte, Wörter und Wortfügungen als *kontextuelle Paragramme* zu beschreiben. (Zu den Elisionen verweise ich weiterführend auf meine Installationen, denn die Lesbarmachung von Schwellen und Interfaces, von Zwischenräumen und Zeitschleusen, von Lücken und Auslassungen, sei es in Form von Auslotungen des weißen Mehr, Lagebestimmungen der Melanchronia oder Witterungen des Redscents, bedarf eines Darstellungsraums, den ein Buch nur bedingt bietet.) Kontextuelle Paragramme sind aufregend ärgerlich. Denn wenn ein Schriftsteller sich einmal als einer jener Schriftentsteller und Wortdreher, Buchstabenversteller und Lückendehner erwiesen hat, der mit kontextuellen Paragrammen arbeitet, dann wird man sich fürderhin nie mehr wirklich sicher sein können, ob das Wort, das einem da in und zwischen den Zeilen begegnet, nun ein Paragramm ist oder nicht. Man wird spüren, welche Effekte es hat: Immer mit etwas rechnen zu müssen – aber ohne darauf zählen zu dürfen.

2003 bat mich Pierre Granoux für eine Kunstinstallation im Shellhaus, dem einstigen Verwaltungssitz der Berliner GASAG, um Aphorismen. Es handelte sich bei den Objekten (damals auf einem Flur des Verwaltungsgebäudes des Gaslieferanten installiert, heute im Besitz der Sammlung der Berlinischen Galerie) um Emailletafeln mit Sentenzen und Paragrammen, die das Thema »Gaz à tous les Étages« variierten, den Hinweis also, der mit ebensolchen Emailletafeln an Pariser Mietshäusern anzeigte, dass in diesen überall die Vorzüge moderner Energieversorgung genossen werden konnten. Die blauen Emailletafeln auf dem Flur teilten also den täglich dort ihrer Arbeit nachgehenden Mitarbeiterinnen und Mitarbeitern des GASAG in weißen Buchstaben mit, womit sie zu rechnen hatten: *Mit Gasgespür schmeckt Sicherheit in allen Stufen.* Nach einer Reihe von Variationen des Themas stieß mir plötzlich, nicht ohne einen Anflug von Gänsehaut, zu, was ich seither ein *kontextuelles Paragramm* nenne: ein

Wort, das so harmlos daherkommt, dass es als unscheinbares Zeignis kaum davon zeugt, bemerkenswert zu sein, ein Wort, das sich offensichtlich einer Bedeutung versagt – wäre da nicht eine blaue Emailletafel, auf der es in weißer Schrift einfach dadurch eine Antwort gibt, dass es sich als *Versagung* darstellt – und den Rest, als Hinweisschild für eine weitere Lektüre der Zusammenhänge – der Gänsehaut überlässt. Folgerichtig wurde das Schild im Flur des Verwaltungsgebäudes der GASAG nicht ausgestellt.

Das kontextuelle Paragramm *Versagung* also, dessen anagrammatischer Witz sich nur an der Reibung mit dem Drumherum und durch die Entfaltungen derjenigen Zeitigungen entzündet, die es ihm versagen in Erscheinung zu treten, zeigt denen, die blitzartig verstanden haben, wie schwer es ist, eine Elision, eine Auslöschung, nicht auszusprechen, damit die Lücke endlich getilgt werde und die Spannung sich auflöse, die das Unaussprechliche erzeugt. Es gibt übrigens eine gewisse Ähnlichkeit zwischen dem Lesen paragrammatischer Texturen und einer Gänsehaut, die wir selbst erzeugen, wenn wir sie mit unseren Fingerspitzen lesen. Deshalb will ich meine kleine Ausschweifung hier schließen. Ich bin heute noch zum Tanzen verabredet.

Textanspielungen

Robert Krokowski, Paragramme, Berlin 1985.

Robert Krokowski, Verführungen einer Letter (Auch Joyce: Nicht nur mit Lacan ...), Berlin 1985.

Robert Krokowski, Zum Teil: Paragrammatisches, in: Delta Tau Null, ZeitSchrift für TopoLogie und StrömungsKunde, Hrsg. von Robert Krokowski und Christian Kupke, Berlin, Juni 1985, S. 34–37.

Klaus Laermann, Lacancan und Derridada, Die ZEIT, Nr. 23, 30.05.1986.

Robert Krokowski und Christian Kupke: In der Garküche der kritischen Kritik. Ein Nachschlag zu Klaus Laermanns Zusammenstellung eines Frankolatrischen Menüs, in: Delta Tau Zwei, ZeitSchrift für TopoLogie und StörungsKunde, Hrsg. von Robert Krokowski und Christian Kupke, Berlin, Juni 1987, S. 106–116.

Wolfgang Ernst, Verschichte, in: Delta Tau Zwei, ZeitSchrift für TopoLogie und StörungsKunde, Hrsg. von Robert Krokowski und Christian Kupke, Berlin, Juni 1987, S. 47–74.

Robert Krokowski, Lie(s)n subtil(s), A-phare-ismes sur l'act(u)alité moderne, In: Pierre Granoux, LE BAZAR DE L'ART MODERNE, Köln 2002.

Pierre Granoux (2003): »Gaz à tous les étages! / Gas in allen Etagen!"«, 2003, 10 emaillierte Metalltafeln (mit Aphorismen von Robert Krokowski), 8 à 65 x 40 cm, 2 à 55 x 30 cm.

Ulrike Hanke und Robert Krokowski, Ästhetische Projekte, 2 Bde., Band 1: Das eigene Ding, Band 2: Gemeinsame Sache: Die Schrift der Engel; Eine Dokumentation ästhetischer Bildung in der Lehr- und Lernforschung an der Hochschule Neubrandenburg im Fachbereich Soziale Arbeit, Bildung und Erziehung Studienschwerpunkt Ästhetik und Kommunikation/ Kultur- und Medienarbeit, Berlin Milow Strasburg 2006 und 2007.

Robert Krokowski, Das eigene Ding und die Sublimierung, in: Christian Kupke (Hg.), Lacan – Trieb und Begehren, Berlin 2007, S. 243–260.

Robert Krokowski, Beim Lesen der Gänsehaut, Ein Essay über das Erröten der Schrift, Berlin 2010.

Armin Baumgartner

Die türpische Wiener Küche oder
„In Wien werden die Schnitzel geklopft, um das Vieh zu
bestrafen, weil es die Dreistigkeit besaß, bei seiner Hinrichtung
zu sterben." *(crescendo)*

Er sprach Kunst und sagte nichts. – Hubertus Mantel

Ach, Sie meinen, Wien sei eine Mördergrube, Sie hätten Angst in dieser
Stadt, die rechten Strömungen würden Ihnen Unwohlsein bereiten,
die hiesige Niedertracht und Verlogenheit habe Ihnen den Appetit
vergellt, aber bitte, man darf das nicht so tragisch nehmen, hier in Wien
wird nie so heiß gegessen wie gekocht, das war doch schon immer so,
und dafür oder dagegen ha ben wir ja die türpische Wiener Küche,
die da so mancher Verzweiflung Abhilfe zu schaffen imstande ist, die
schon so oft die Bewohner der Stadt vor Schlimmerem bewahrt hat
mit ihren Gerichten, die wie im Handumdrehen jegliche Boshaftigkeit
und Gemeinheit in ihrem Sud und Dunst zu ersticken vermag,
nun nehmen Sie doch Platz, Verkehrtester, ich empfehle in solch
erbärmlichen Fällen gern zu Beginn eine Kontaktlinsensuppe, um die
Dreistigkeiten unsichtbar zu machen, oder, wenn Ihnen zum Erbrechen
ist, eine Lungenknödelsuppe, unser Renner gegen Antisemitismus
unter den Hauptgerichten hier am Hasta-Luego-Ring ist zweifellos die
getröstete Leber mit Rotzerdäpfel, bei tieferen Verletzungen nimmt
man gern den bandagierten Braten, oder etwa nach Bekanntwerden der
Missbrauchsfälle in der katholischen Kirche waren die Kindsrouladen
der Hit, falls bei Ihnen die Wut wegen Dummheit überwiegt, verweise
ich nur auf die Blede-Blunzn-Radln mit Echt-sauer-Kraut, wobei auch
Innereien durchaus ihre besänftigende Wirkung haben können wie zum
Beispiel das gebackene Gehirn oder die böhmischen Hirnprothesen bei
anhaltender Kleingeistigkeit, sind die Gäste aufgrund des schwelenden
Rassismus entsetzt, bestellen sie hingegen häufig die entrüsteten
Knödel mit Ei, Haschischhörnchen oder auch schon mal ein Gfrieß
auf Blattsalat, ist die Lage jedoch desperat, bitte sehr, dann probieren
Sie doch den Zweifelbraten mit Brandnudeln, und unsere Desserts

sind wiederum ob ihres Wiedergutmachungspotenzials sehr beliebt wie der Kaiserdarm mit Häuselbeerenkompott oder, noch gehässiger vielleicht, der Scheich im Öl, die Warmen Ritter, die übergangenen Hoffnungspalatschinken, die Falottentorte, der Eiterhaufen oder das Krätzenbrot, oder bevorzugen der Herr vielleicht etwas für den kleinen Appetit, nun, da kann ich passend zur Zeitungslektüre bei allzu viel Schmutz und Schund zu unserer sauberen Wurst raten, sollten Sie etwa an Antriebslosigkeit leiden, wäre die Eierlegende, eine Portion Enthemmungseggs, vielleicht das Richtige, und wenn gar nichts mehr hilft, empfehle ich zumeist belegte Tote, und bei der totalen Verzweiflung, die Antidebreziner mit Senf und Kren. Latrinlich können Sie auch mit Bankrottomat zahlen. Wie bitte, es ist Ihnen der Appetit vergangen, Sie haben gar keinen Hunger mehr, Sie wollen wieder gehen? Dann gehen Sie doch von Fichten, paragrarminisieren Sie sich, Herr Traumpartner, Sie, Sie Arm in Baum geraten, entbehren Sie uns bald wieder, meine Vermehrung, nein, meine Belehrung, Entehrung, meine vollkommene Entleerung, meine untertänigste Zerstörung, meine Verklärung, auf Gliedersehen.

Katja Beran

Auf Ess-tacy

„Ich könnte dich auffressen, du süße Mann-erschnitte, du", sagte ich mit vor Lust bebender Stimme zu meinem Geliebten. „Komm her! Schnell. Lass es uns tun. Gleich hier und jetzt."
„Pud Ding braucht Weile," meinte dieser erschrocken, und machte einen riesigen Satz zur Seite, als wäre er eine Schock-oh-Banane. „Ein bisschen Contenance Diät dir wirklich nicht schaden," belehrte er mich: „das mit uns beiden geht mir irgendwie Tirami su schnell."

Mein Geliebter glich einem Kuchen. Mit Hilfe der richtigen Handgriffe war er rasch gerührt und streichweich für mich, der ewig liebeshungrigen (D)Rama-Queen. Aber immer, wenn ich ein
biss-chen fester zubacken wollte, und auf seinen Schoß rutschte und bettelte „Teach me, Teiga!", da gab es sofort Brösel. Dann nämlich drückte er mich entschlossen von sich fort und sagte streng: „Noch nicht! Ich muss zuerst g-e-h-e-n." Schon verkrümelte er sich in den Kühlschrank, weit weg von meiner heißen Begierde, deckte sich mit Frischhaltefolie zu und ging so richtig darin auf.

Während mein Geliebter im Allein-Gang an Größe und Pracht gewann, wurde ich kleiner und kleiner. Nichts mehr wünschte ich mir, als einmal ein Stück vom Kuchen abzukriegen. Warum klappte das nie, so sehr ich mich auch Safran-ste? Was Zimt-e nicht mit mir? Worin bestand der Sinn dieser Keksistenz? Diese Frage wollte mir Gottvater, der re-Lachs-t im Himmelsteich paddelte und ab und an mit rot geräderten Linzeraugen auf mich herabsah, auch nicht beantworten. Im Sorgehechtsstreit, wer das kleine Glück zu sich aufnehmen darf, zog ich gegenüber den anderen Mitgliedern dieses Karp-Fanclubs am Planeten Herd-e stets den Kürzeren. „Warum das, wasabi dir getan?", wollte ich von Gott wissen, aber der zuckte nur gelangweilt mit den Schultern und meinte: „Du da unten, du Weib, bist mir völlig Schuppe, also Stör nicht weiter, okay?" Ja, Gottvater konnte schon ein ziemlicher Barsch sein.

Doch so Germ hatte ich meinen Geliebten, dass ich beschloss, mich in Geduld zu fassen. Also wartete ich ab, ob er wiederkäme, um mich endlich zu begären, bis es brodelte und dampfte. Oder ob ich, Worst-Käs-Szenario, ewig den Single-Toast im Supermarkt kaufen würde müssen. Und ich wartete. Und wartete. Und die wildesten, erotischen Pfanntasien verfolgten mich wie Wein-Geister und krochen supp-kutan bis in die letzte Zelle-r meines Fleisches. Stunde um Stunde.

Jede Prosecc-unde ohne meinen Liebsten lag mir so schwer im Magen wie eine Depro-ziner am Würstelstand in der Ottakringerstraße.

Eines Abends, als ich hochgradig in einer schlimmen Teepression köchelte, verlangte mir nach Minimum 15 Deka Denz und ein wenig Abwechslung. So wanderte ich in eine Bar, nahm am Tresen Platz, und plädierte umgehend für mildernde Rum-stände. Im Zweifel entscheidet das Haupt-Gericht ja stets für den Angenagten. „Trifft sich gut," meinte der nicht übel aussehende, junge Bar-On, der die Cocktails mixte, und lächelte: „es ist Happy Aua". Er sah an meinem spröden Fell, dass ich an Lebensmitte-Vergiftung und PM-Ess laborierte und schob mir schweigend einen doppelten Vodkatz rüber.

Was blieb mir anderes übrig, in meinem Herdsschmerz leerte ich das Glas auf Eggs.

Drinks-um nur dickbäuchige Testoster-off-Flaschen, die mich trübe anstarrten, als ich einen zweiten, und dann noch einen weiteren Vodkatz soff, nebst anderen Flüssigkeiten. Ich trank und grübelte und trank und grübelte und trank grübelnd – und wurde dabei, mit jedem Promüll Gedankengift, das durch die Kehle floss, verdreifelter. Backwahn fiel mir ein, den ich einst im Haschram in Poona besucht hatte. Von ungezügeltem Ham&Seggs und erotischen Kipfelerlebnissen war damals die Rede. Und was tat ich? Ödete mich in dieser schnöden Dimsum-Gesellschaft an, bis an mein Ablaufdatum.

Der Verzicht auf Fleischesfreuden machte mich vegenarrisch. Zwar war ich Backzifistin, doch die Schonkost ließ mich auf Dauer zum Seriengriller werden, zum Jack the Ripperl, das auch vor brutalem Mord-adella nicht zurückschrecken würde um zu kriegen, was es ersehnte. Als ich gerade überlegte, mir am Schwarzmarkt eine Waffel zu besorgen (am besten eine Smith&Essen) und Amor zu laufen, sagte der Bar-On sanft: „Sperrstunde ist, Madame". Er gab aus Mitlight noch ein letztes Shakesbier aus und flüsterte mir dabei schnurrend ins Ohr: „To-Do or to Do-Nut? Ich hatte zuviel Schlampagner gesoffen, um einen klaren Gedanken zu fassen, darum nickte ich. Dieser Kerl hinterm Tresen hatte früher, wie er erzählte, für die Chickendales gedippt und war wirklich senf-ationell gut gebaut: sooo scharf!

Aber selbst, wenn es sich um Käptn Iglu himself gehandelt hätte – ich brauchte einen Laibwächter, und ließ mich bereit willig in Beiselhaft nehmen, was den Bar-On erfreute. „Kotelette me entertain you", keuchte er und zog mich voller Gier an sich, „lass mich der Papa-rika deiner ungeborenen Rinder sein". Trotz seines miserablen Musikgeschmacks war ich Feuer und Flamme, meine vernachlässigte Libido karameldete Interesse an. Ei not? Vielleicht eine Synaps-Idee, aus der Trenn-Kost entsprungen, aber manchmal kann eine simple Lustveränderung ja Leben retten. Oder eine Nacht.

Mit 3,5 Kamille im Blut fiel ich kichernd auf den Beifahrersitz seines Autos, ein cooler BMI Crevette. „Früher wollte ich eine Limo. Aber das hier ist viel geiler: Essen auf Rääääädern", plärrte er bei der Fahrt in den Windkanal. Idiot. Doch kaum bei ihm zuhause angelangt, rissen wir uns die Kleider vom Laib. Bei so einem Wok-Night-Stand ist man ja fix ungehemd und gerne bereit für Eggshibitionismus, ohne störende Ballast-Stoff-Fetzen. Zunächst trieben wir es auf dem Boden seiner Koch-ose, anschließend machten wir uns ein Vergnügen daraus, durch sämtliche Zimmer zu profiterollen und dabei geil zu kreischen wie eine crème brüll-é. Soweit ich weiß, spielte bei dem pizza-ren Liebesreigen auch eine Sacher-masochistische Torte, der wir genussvoll einen Schlag mitten auf den Schoko-Guss verpassten, eine Rolle. Er war zärtlich und hatte keinerlei Brotenzprobleme, was nicht selbstverständlich ist, wie ich bettzeugen kann. Kommt davon, dass Männer zu viel Kom-Pott rauchen, so meine Meinung als Esspertin.

Am nächsten Morgen erwachte ich mit starken Topfschmerzen, und fragte den Kerl, der sich resch wie eine Kaisersemmel neben mir räkelte: „Wer sind Sie und was machen Sie in meinem Schrank?" Mit dem Kurzzeitgedächtnis habe ich es nicht so, doch dann, als er sich in die Küche begab, kehrte die Erinnerung zurück. Wir verschlangen zum frühen Stück ein Ohm-lett samt Buddhabrot und Kaputt-cino, verneigten uns 5 Tassen lang gen Mokka, danach packte uns erneut der Langusto und wir trieben es noch einmal. Diesmal in der Müslionarsstellung, für mehr reichten unsere Kräfte nicht. Müde wie eine Matt-riarchin schlief ich Löffel-liegend ein. Bis zum späten Naschmittag besteckten wir so zusammen.

Gegen Abend hin verließ ich sein Haus. „Je ne raclette rien", pfiff ich in den Himmel, und fühlte mich sauwohl. Wie auf LS-TEE, der Horizont färbte sich purpurgolden. Da beugte sich Gottvater aus diesem hinab. „Schau", donnerte er, und hielt mir seinen Zucker-Spiegel vor die Nase. Was ich darin sah, gefiel mir: Mein Fell schimmerte wieder hübsch, im Licht der Straßenbeleuchtung. Ich blickte genauer hin, das Bild im Spiegel flackerte, verschwamm – und zeigte dann eine Frau, die in jener gewissen Bar eingedöst war. Vorne über gebeugt, würdelos halb über dem Tresen hängend. Ihre rechte Hand umklammerte ein Glas, daneben eine Flasche Vodkatz, leer. „Ich bin das", durchzuckerte es mich. „Ess-zessive Frauen wie dich hab ich so was von satt", fauchte Gott angewidert von oben, „die kriegen Lokalverbot." Ich wollte noch antworten, dass ich doch nur Minerlallwasser getrunken hatte, Vorstandsmitglied bei den Anonymen Aquaholikern wäre, mich zudem regelmäßig von den Weight Watschern peinigen ließe und ... da zupfte jemand forsch an meinem Ärmel. „Lokalverbot, verstanden? Wie oft soll ich's dir noch sagen, Oide, Sperrstunde ist", geiferte der Bar-On, im echten Leben ein untersetzter Widerling, der mich sodann mit den Worten „Na, Wirt-s bald" aus der Tür schubste wie ein lästiges In-Sekt, und noch eine Buchstabensuppe an Flüchen hinterher blubberte.

Draußen, in der kühlen Nachtluft, fragte ich mich mit wirrem Kopf, was eigentlich in den letzten Stunden geschehen war. „Das kann alles nur an dem Ess-tacy liegen", schlussfolgerte ich. Dieses hatte mir Tags zuvor so ein seltsamer Typ am Naschmarkt angedreht. Das nächste Mahl würde ich davon lieber ein paar Para-Gramm weniger nehmen.

Marietta Böning

Der Praxisrelefant

Ein Paragraf ist ein Praxisrelefant. Er trägt, wie
der Begriff schon nahelegt, das Potenzial in sich,
etwas zu verbändern. Ein Praxisrelefant ist – die
Grammatik weiß das sicher genau – maskulin.
Seine Kennzeichen sind lange Nase (Rüpel) und
Hose. Sein Metier ist die Mode.

Praxisrelefanten treten in Morden auf. Die Merde
ist auf das Ausrotten von Meiden spezialisiert. Unser
toleranter Pfarrer rät, sie in die Kirche zu meisen –
sein Integrationsgebot. Wenn es da nicht zum Kuss
kommt, zwischen einem elevanten Praxisrelefanten
und der miederen Kirche. Wäre das nicht fön?
Zunächst wären sie als Terroristen getarnt, als
nächstes würde die Herde Praxisrelefanten missioniert. Am Ende wären alle Praxisrelefanten tot,
denn, wenn nicht gestorben, dem kloaken Gemein-
saft beigeweht. So ausgegangen Gottes Samenkerne,
wie sie in den gesetzten Paragrammen stehen, wächst
der Welttrieb bestimmt.*

* Ein Paragramm ist praxisrelevant. Es trägt, wie der Begriff schon nahelegt, das Potenzial in sich, etwas zu verändern. Praxisrelevanz ist – die Grammatik weiß das sicher
genau – maskulin. Ihre Kennzeichen sind lange Nase (Rüssel) und Mose. Ihr Metier ist
das andere Geschlecht.

Praxisrelevant gebärden sich ganze Horden. Eine Herde Praxisrelevanter ist auf das Ausrotten von Heiden spezialisiert. Unser toleranter Pfarrer rät, sie in die Kirche zu weisen
– sein Integrationsgebot. Wenn es da nicht irgendwann zu einem Schuss kommt einer
eleganten Praxisrelevanten in der biederen Kirche. Wäre das nicht schön? Zunächst wäre
sie als Terroristin enttarnt, als nächstes würde die Herde Praxisrelevanter missioniert.
Am Ende wären alle Praxisrelevanten tot, denn, wenn nicht gestorben, so der globalen
Gemeinschaft beigetreten. So aufgegangen Gottes Samenkorn, wie es in den Gesetzes-
paragrafen steht, wächst der Weltfriede bestimmt.

Theo Breuer

Quarantäne · Dieser schöne Tag (nach der Niederlage)
Wie ein Gedicht auch entstehen kann

> Zeuge seiner selbst zu sein,
> immer in eigener Gesellschaft
> nie unbeschwert alleingelassen
> sich immer zuhören zu müssen
> bei jedem physischen chemischen
> geistigen Ereignis, das ist die große Prüfung
> die Buße, das Übel.
>
> *Patrizia Cavalli*

Sonntag, der 13. Dezember 2009, ist ein winterlich weißer Tag mit Temperaturen um den Gefrierpunkt. Warum weinen die Fensterscheiben im Lyrikkabinett bei diesen Graden immer? Kälte schneidet beim kurzen Gang zur gelben Tonne das Gesicht in schmale Streifen. Die Stunden, weiche Stunden, verbringe ich, nach Frühstück gegen neun, lesend – Bei Dao, *Das Buch der Niederlage* (in einem Gedicht stoße ich auf *Wörter sind Köder),* Patricia Cavalli, Diese schönen Tage, Juan Goytisolo, Quarantäne –, zu Mittag essend, schlafend, Tee trinkend (dazu ein bißchen Gebäck), selten sprechend, im lyrischen Internet surfend, ein paar Mails schreibend, zwischendurch Fußballergebnisse verfolgend. Schade, immer noch gärt der gestrige Groll, der Rede doch *eigentlich* nicht mehr wert:

> Happy Christmas, dear old Un!
> Will Dir wer was Böses thun,
> Drücke kalten Blutes
> Beide Augen zu.
> Tu dann dafür doppelt Gutes
> Deinem Kuttel Daddeldu.
>
> *Joachim Ringelnatz (1883-1934)*

Das Schreiben eines Textes setzt ein feines Geflecht von Beziehungen voraus, die seine verschiedenen Knotenpunkte miteinander verbinden. Alles fließt ein: Erlebnisse anderer, eigene Erfahrungen, Stimmungen, Reisen, Zufälligkeiten, auf aleatorische

Weise verquickt mit Lektüren, Bildern und Eingebildetem, kraft einer Ars combinatoria aus Kreuzungen, Korrespondenzen, Assoziationen der Erinnerung, plötzlichen Erleuchtungen, Wechselströmen, setzt Juan Goytisolas denkwürdige, merkwürdige Erzählung *Quarantäne* reflektierend ein, und ich setze den Gedanken unmittelbar in Beziehung zu einem fesselnden Gedicht Bei Daos, das ich einige Zeit später (ich lausche Schumanns *Kinderszenen)* mit hochgradigster Konzentration lese:

Kreationen

All die Kreationen Generation für Generation beunruhigen mich
Zum Beispiel die Nächte, die gesetzlich Reißaus nehmen
Dahinter steckt stets ein Grund
Ein Hund bellt Dunst und Nebel an
Schiffe navigieren auf Kurzwellen
Der Leuchtturm, den ich vergaß
gleicht einem Zahn, der, gezogen, nicht mehr schmerzt
Bücher, im Winde blätternd, verstören die Landschaft
Die Sonne geht dank Rettung auf
All die Leute stampfen vor Einsamkeit in einer Schlange mit den Füßen auf
Eine Glocke schmiedet Verse für sie

Was bleibt, abgesehen von all diesem?
Sonnenstrahlen lachen lauthals auf Glasscheiben
Der Fahrstuhl fährt in die Tiefe, aber da ist keine Hölle
Jemand, dem das Vaterland gekündigt hat
geht durch einen betäubend heißen Mittagsschlaf
und an der Küste geht er auf Grund

Statt *Glasscheiben* lese ich zunächst *Glasscherben* – ein unfreiwillig erzeugtes Paragramm. Ich frage mich, hätte sich Bei Dao als deutschsprachiger Dichter, ähnlich assoziierend, statt *Glasscheiben* schließlich für *Glasscherben* entschieden? Ich verwechsle einen ameisenhaft winzigen Buchstaben im deutschen Wort, und die Scheiben liegen in tausend Stücken, Splittern da. Ist das nun Wahnsinn? (Ist das Wahnsinn?) In Georg Friedrich Daumers titellosem Gedicht, heute im Lyrikkalender, lese ich, daß ich mich der Nüchternheit enthalten solle, daß ich so auf der rechten Bahn sei, denn daß der Rausch zur Seligkeit unnütz sei, das sei ein Wahn. Erneut denke ich: Wahnsinn. Endlich jemand, der mich auf die rechte Bahn bringt. Auf die Wahnbahn. Nun überschlagen sich die Ereignisse, der Stuttgarter Torhüter Jens Lehmann fliegt in Mainz vom Platz, der anschließende Elfmeter führt zum Ausgleich. Aus, aus, das Spiel ist aus, Dortmund führt in Wolfsburg nach wenigen Minuten mit zwei zu null Toren. Und innerhalb von fünfundvierzig Minuten mache ich (entsteht?) dieses Gedicht, das zwölfte 2009:

töter

glasscherben
aufgelesen – s/c/h/e/r/b/e/n

verderben glasscherben
die unversehrte häuslerzeile

splitter nach dem gewitter
die blinden scheiben schreien

kinderszene: schwarzer schmetter
schlag (scheiben schweigen)

[gasschergen] schreiben
wörter sind [köter]

- Bei Dao, Das Buch der Niederlage, aus dem Chinesischen und mit einer Nachbemerkung von Wolfgang Kubin, 112 Seiten, Lesezeichen, Edition Lyrik Kabinett bei Hanser, München 2009.

- Patrizia Cavalli, Diese schönen Tage, zweisprachige Ausgabe, aus dem Italienischen von Piero Salabè, Nachwort von Giorgio Agamben, 158 Seiten, Lesezeichen, Edition Lyrik Kabinett bei Hanser, München 2009.

- Juan Goytisolo, Quarantäne, aus dem Spanischen von Thomas Brovot, 117 Seiten, Suhrkamp, Frankfurt am Main 1993.

- Shafiq Naz (Hg.), Der deutsche Lyrikkalender 2010. Jeder Tag ein Gedicht, 365 Gedichte von den Anfängen bis zur Gegenwart, 408 Seiten plus Anhang, Tischkalender mit Spiralbindung, Alhambra Publishing, B-Bertem 2009.

auf der straße[1]

ein sehr heißer maimorgen
der himmel: wolkenlos, tiefblau

kanalarbeiter haben die straße aufge-
rissen

mit dem preßlufthammer
birst der tag – – –

dazwischen (gleichwohl)
das titititititi der goldammer —

so geht jeder
an sein geschäft

(meines ist das wort)

---

[1] **auf der straße** wurde angeregt und stark bestimmt durch die Lektüre von Jean Amérys Roman *Die Schiffbrüchigen* (Klett-Cotta, Stuttgart 2007). Auf Seite 301 steht dort unter anderem: *Jeder geht an sein Geschäft und meines ist der Mord.* – Der Gesang der Goldammer klingt metallisch; wenn sie sich gestört fühlt, läßt sie den zweiten Teil ihres typischen Gesangs weg: *Titititititi* statt *Tititititititüüüüüüh*. Wir sehen, nicht nur Dichter wissen das Paragramm sehr zu schätzen und situativ klug einzusetzen.

allen diesen immer wieder bösandersartigen *visagen*
des waldbodens · dermaßen nahe zu kommen ·
denk ich · beim gang · beim blick · in die fallen von
fiesen mienen · rinder auf wiesen · fraßen letztes
gras · fliegenpilz ragt aus dem laub im graben ·
herbstkräftig · klar · der himmel · freundliche
frauen pflücken harte hagebutten · am horizont:
rauch (nicht nebel) · *vogelklang* · menschenschar
mit schäferhund · seh ich · uns entgegentraben ·
kanntest du keinen eben · fragt neben mir b. · und
lacht · (schält eine nuß) · ich muß · verneinen · die
kanntest du alle (als kinder) · zählt auch diverse
namen auf · ein rascheln · ein reh – – – zuhaus
· liegen · abgründiger schlaf (schwere lieder) ·
schwarzschwarzer tee · kriech · krauch · *du mußt*
nur die lichtung ändern · [raus]

*flutwellverwirbelung. nach meeresstille**

rief er: wille prescht schlimm nasser
bohnenleger bluht kraß sehr

hund (vertrümmert) mied herrn kiffer
rassekräche links krumm schwer

feine gruft bonsai der freite
hodenwille – fürcht er gricht?

bin verungesäuren scheite
lege deine delle [dicht]

* Wer gründlicher noch in *flutwellverwirbelung nach meeresstille* eintauchen mag, dem sei
Goethes unheimlich stilles Maritimgedicht, dessen verzwirbelte Tiefenstruktur hier an
die feuchte Oberfläche gebracht wird, (nicht nur) als Strandlektüre ans Herz gelegt. Nun
endlich *(Endlicht?)* ist auch das Mißverständnis vom letzten Wort geklärt: Meerlicht? Non.
Meernicht? Non. Was Johann W. tatsächlich hauchte (bevor er, endlos, untertauchte) war
– ganz schlicht – – – *Meergdicht.*

high as the swindled stars can be
Keston Sutherland

vom unterschied der lesewesen

nach und:
nach treffen dichter at-
men zeit geist ist

alles was
du und ich · le/be/we/sen ·
können:

geist · zeit · atmen – – –
singklang klangsinn *ging ganz* – gut ·
mut zum: chaos im kopf

bis uns diese welt ge-
fällt und wir zwi—schen
sprachleseweisewelten

pendeln / am ende ☞ ☞
himmel · *sperrangelweit* · be-
wolkenstein be-

*rürü*hren (?)

für Urs Allemann · Angelika Braumann · Elke Erb · Daniel Falb · Karin Fellner · Christian Filips · Claudia Gabler · Zsuzsanna Gahse · Mara Genschel · Nora Gomringer · Rolf Hermann · Andrea Heuser · Matthias Kehle · Thilo Krause · Nadja Küchenmeister · Annette Kühn · Stan Lafleur · Swantje Lichtenstein · Brigitte Oleschinski · Hellmuth Opitz · Christine Otto · Marion Poschmann · Monika Rinck · Ulrike Almut Sandig · Tom Schulz · Ulf Stolterfoht · Keston Sutherland · Ron Winkler und in memoriam Thomas Brasch

Konstanz am Bodensee und Sistig in der Eifel
24., 26., 29. und 30. November 2010

Christoph Bruckner

Säumige Saucen

Sinnflut/ sichere Trittstaaten/ Relationsshit/ Kill Eulenspiegel/ totwendig/ Paaranoid/ Sanitöter/ Musick/ Glowbus/ Thermostadt/ Geleegenheit/ Sparadies/ Lady Die/ Neidgenossen/ Rohbert/ Souled out/ Loos Angeles/ Reisbrett/ Red Balls/ Schülerlaotse/ Verloosung/ postmodernd/ Kaufmannslehre/ Gablenzgase/ Hugenutten/ Oinkologie/ omipräsent/ Handzahmbürste/ Brot-Weissbrot/ Pflughafen/ Parabox/ Litteratur/ Santa Claws/ Dorian Gay/ Abusementpark/ Poopcorn/ Quiecktime/ Das dreckige Duzen/ Abwechslunge/ Malewitch/ Klonkurrent/ Hellsinki/ Kackophonie/ Harald Tribune/ Kanarren/ Specktakel/ Ährenwort/ Kunstrassen/ Aputheke/ Wandalismus/ Hamsterdam/ Sea you/ Für alle Felle/ Haarmonie/ Sonderangebob/ Mostviertel ist radsam/ Verschluss kackt beim Öffnen/ Säumige Saucen/ El Condom Pasa/ Tagesschlau/ Gratislava/ Lügnercity/ public hair/ Nationaleiertag/ Heerschweinchen/ Rassismus toppen/ Schrifteichen/ Einäscherjung/ Whitney Husten/ Stimmgabe/ Globetrottel/ Notausgans/ Glasalge/ Schulterscherz/ Suhrkampf/ Satan Claus/ Verländerung/ The Meaning of Wife/ Samtpfosten/ Mieskaserne/ Aus dem Schaf gerissen/ Queerlatte/ Ethikette/ Wasserschwaden/ Verkleiderung/ Konvertitten/ verföhnen/ Sehschlacht/ Vaginaal/ Benito Ferrero Waldner/ Stadtrundfart/ Molchprodukte/ Nimmer wieder, nimmer wieder, nimmer wieder Österreich/ Fordergrund/ Happy New Fear/ Oral Office/ Der liegende Holländer/ Frankfort/ Berlustconi/ Kompromist/ Burgertum/ Poetick/ Ente gut, alles gut.

Gerlinde File

Am Hahnhof in Schien an der Von-Au
stolzt Krass-er dahin als der Bon-Pfau.

(1. Zeile geschrieben am Westbahnhof in Wien, die 2. Zeile gut
drei Stunden später im Land des Pongaus.)

Edelscheiß, Edelscheiß,
in den Bergen dort oben;
Fall und breit   (small and wight)
hin an'd Leit;   (clean and bright)
wie hast du mich doch erhoben ….

(Dank dem Sammler Gerhard Ruiss)

Wer die Suchgaben
verkräht
und ergartet
dass man ihn noch
verkleet
der wird erfaunt
neststellen
dass ein Seidenfraß dabei
herauffrommt

(Wer die Buchstaben vertauscht und erwartet, dass man ihn auch noch
versteht, der wird erstaunt feststellen, dass ein Heidenspaß dabei
herauskommt.)

Jungfräulich grüner Vierzeiler

Sprungfreundliches Glühn hebt sich in meiner Bare.
Das Frau erbühnt
und ein Faustbuch zu scheuen Rufern weht an.
Sprungfreundliches Glühn hebt sich in meiner Bare.

(Jungfräuliches Grün webt sich in meine Haare.
Das Grau ergrünt
und ein Aufbruch zu neuen Ufern steht an.
Jungfräuliches Grün webt sich in meine Haare.)

Petra Ganglbauer

ICH ERTRINK IN SIEBEN FLASCHEN SEIN: ICH WEIN.

Florian Gantner

Des Leithammels Kultur

wir beben wenn wir singen
lieder lichterloh von Imbiszierten Städten und Dönerschönerungen
beschwören wir die mentalität blutiger böden
lebenswandeln durch unsere träume von Reinheit oder auch nur einheit
hanteln uns entlang an leitkulturplanken
mit der last der Ungemütlichkeit wurden wir beerbt
tragen auf rücken unsere werte die wir nennen: Tuganfänge
folgen roten leitkulturfäden von ungutmenschen
und schmettern in Vielen furchtbar-fruchtbaren stimmen dem gegner
entgegen
bermühte schläger wie:
Bla-a-au, bla-a-au, bla-a-au blüht das krankenschwesteraug

Bis in den Abend zogen sie durchs Land, bis ihr Blöken schon ganz hei-
ser war. Die Schafe drängten sich zusammen, um die Nacht in Sicherheit
zu verbringen.
Da trat eines vor, es war der Leithammel, und sprach:
„Alles, was ich gesehen und gehört, will ich euch erzählen. Als ich einst in
den Himmel blickte, sah ich eine Tür, und eine Stimme, gewaltig wie der
Schall vieler Schalmeien, sagte zu mir: ‚Komm herauf! Ich will dir zeigen,
was in Zukunft geschehen werde!' Ich folgte der fremden Stimme und
fand mich wieder vor einem Lamm, das sieben Hörner und sieben Augen hatte. Das Lamm war umringt von befiederten Wesen, die in Sackpfeifen bliesen und glänzende Schalen hielten, aus denen Rauch aufstieg.
Wer Hörner hat zum hörnen, der höre: Ich sah ein Ding, das man das
Buch der sieben Riegel nannte. Ein Befiederter führte das Lamm hin,
um die Riegel zu brechen. Und mit jedem Riegel erschien ein Pferd bis
ihrer vier waren: Ein weißes, ein feuerrotes, ein schwarzes und ein fahl-
bleiches, welche, so vernahm ich, die Reiter der Apokatastüpse genannt
wurden. Ich sah hinab zur Erde, die bebte. Wiesen versanken, Weiden
gingen unter.

Schon traten sieben Befiederte vor und begannen, in sieben Sackpfeifen zu blasen. Als der Erste anhub, fielen Hagel und Feuer, mit Blut vermengt, auf die Felder und zerstörten Sträucher wie Ranken. Jetzt blies der Zweite in seine Pfeife und ein Berg aus Feuer stürzte auf die Erde. Dieser verbrannte Gräser wie Sträucher. Mit der dritten Sackpfeife fiel ein Stern nieder, den die Befiederten ‚Bitterkeit' nannten. Und schon ward alles Süßgras, Pfrieme wie Schwingel, bitter und ungenießbar. Als die vierte Pfeife erklang, erlosch das Licht auf Erden und es wurde dunkel. So ging es weiter: Mit der fünften Sackpfeife überfielen Heuschrecken das Land, doch ließen sie ab von den Gräsern und peinigten allein die Fell- und Gefiederlosen. Die sechste und siebente Sackpfeife brachten weitere Verwüstung, alle Gräser litten unter der sengenden Sonnenglut, saftiges Rispengras verwelkte, Weidelgras verdorrte, Perlgras fing Feuer. Wer Möhren kaut, der höre: Denn das Lamm sprach: ‚Fürchtet und gebet Ähre dem Bärtigen! Denn sein Dorn wird groß sein!' Jene Schafe, die dem falschen Bock, dem Bock aus der Tiefe, dem dunklen Bock folgten, werden im Feuer vergehen. Sie werden darben und durch wüste Länder streifen. Sie werden von Maul- und Klauenseuche befallen. Und wenn sie ein Gras finden, wird es bedornt sein mit solch starren Stacheln, dass ihre Gaumen zerfleischt und ihre Zungen von blauer Farbe sein werden. Ihre Lippen wird der Grind befallen. Doch wir, jene, die an das Lamm glauben, werden belohnt und bald wieder in Friede weiden können. Alles Grün wird unser sein und uns allein gehören!'"
Als sie dies hörten, fassten die Schafe (allesamt Angehörige der Rasse Deutsches weißköpfiges Fleischschaf) Mut und hoben von neuem an, um eine alte Weise zu blöken, deren Inhalt sie zwar nicht ganz verstanden, die sie aber als irgendwie wichtig erachteten:

wir singen in einigheit und rechter freiheit
für ein kriselich-jüdisches Amenland
ganz deutsch tümmeln wir auf unsren Feldern
die wir begrenzten durch Wertekanonen:
tumultik liegt hinter uns – die Weiden sind unser!

Thomas Havlik

Paragramm aus dem Gedicht „Der Radwechsel"
von Bert Brecht (1953)

ich halte an der Raststation.
die Klofrau bläst ihren Tag.
ich sehe, was ich sehe.
ich sehe nicht, was ich nicht sehe.
warum vermeide ich die Rechnung
mit List?

alles steht unter Anführungszeichen.
drückdrücken eben Rothschilds den Knopf.
wo wir herkommen, wissen wir.
wo wir hinfahren, wissen wir.
dennoch erwarte ich die Druckwelle
mit Scham.

das Transportmittel bin ich, bist du.
erst das Tanken ermöglicht den Fahrer.
ich bin nicht, wer ich bin.
also bin ich, wer ich nicht bin,
und schleudere am Coca-Cola-Hügel.
so dann:

der Osten, vom Westen aus gesehen.
der Westen, vom Osten aus gesehen.
oft konstruiert meine Rätselsucht
mit vorlauter Kraft.
ich hantiere am Zauberwürfel.
doch das Exil bleibt verschlossen.

Wolfgang Helmhart

N se ke le
Nacktschneckenfloß

ich püree
ich spüre blutstropfen tränen auf meine
    sa te pa le
haut. schwarze perlen, die meine haut schmücken.
      AU te pa
seht oh oh seht! wie tautropfen tränend die
      la H H la
schatten langziehen. lasst oh oh lasst! die tau-

tropfentränen auf meiner haut. lasst sie trocknen
      ve te vi ke se ve
im sonnenlicht. weiden wiegen sich weich
  I vi
im wind. lasst die sonne sie trocknen. blutstropfen-
      N se ke
tränen zu nacktschnecken. lasst oh

     AU
oh lasst die tautropfentränen auf meiner
    la ti te ke I se ke I
haut. lasst sie trocknen im sonnenlicht. lasst die
      ve te ve ke
weiden sich biegen. geht fort! vergesst, dass es
      ke N ke I le vi te se
mich noch gibt. geht und kommt nie mehr wieder. schließt
AU te AU ke ve ta I sa AU te AU le
eure augen. verstopft mit schlamm eure ohren.
I ta N se ke **le se** ke AU
ich habe nachtschnecken flöße gebaut.
AU te H le se ke N ti
auf treibhölzer segel montiert und trag mein
       la H la H
geheimnis ins schwarze meer. lasst oh lasst oh

  H la ti AU
oh lasst die tautropfentränen auf meiner
     la ti
haut trocknen. lasst sie das sonnenlicht trinken.

                                    la   ki   A le
lasst sie die weiden umbiegen. lasst mich allein
              der wonne des habens. gift
im rot. licht der sonne des abends. gießt
        A te ke N se le AU vi
nacht als trägen und zähen ölfilm auf meine
              laszivisches erben
entfärbte haut. lasst die fische. sie sterben.
   la   ta ke A ke I sa te   ve la
lasst tanker ankern im schwarzen meer. lasst
   ti   se vi N la ti N   se ke va N
die schiffe und lasst die nacktschnecken fahren.

   H la   ti AU te pa te ve
oh lasst die tautropfentränen auf meiner
                la se I se N I   la   ti
haut trocknen. lasst sie im sonnenlicht. lasst die
              N   se ke I N
weiden gebogen. nacktschnecken kriechen. oh
   la   H la   la
lasst oh lasst, lasst die büsche in frieden. tau-
                    la   N
tropfen tränen auf meine haut. lasst mein weiden-
         la   N le H
versteck und lasst meine haut in das schwarze
           se   ta
meer fließen. seht doch, ich habe nacktschnecken
                              H
segel montiert und treibholz verbaut. oh

   H se   ti haut bräunen.   H se   D
oh seht die haut. tränen tropfen. oh seht den
gau!
tau! lasst die sonnen vertrocknen. lasst weiden
                           se   ti
peitschen auf meine haut tanzen. seht, die
paar verse
traverse hält mir das kind auf dem grund. es
   le   ke N te
liegt quer und hält die traverse fest. lasst es liegen.
              ti ve ti N
das kind ist tot. lasst das kind die verbindung
         la se
herstellen. lasst es im schrein aus glas, stahl

D ta ve se   AU se N
und rost der traverse aufessen. lasst oh

gautropen
oh lasst die tautropfentränen auf meiner
AU sa ke
haut. lasst die sonne die perlen aufsaugen.
ich habe acht ecken flossen ke AU
seht oh, I H te A ke N le se gebaut.
auf zwei hölzer ekel N ti
AU I H se ke le montiert. den bug
mitte der neunziger habe ich diese ballade
stärken mäuler von fischen. nacktschnecken
für protestaktionen gegen den bau des
hausen im kind. es trägt dunkle brillen wie
traun–kraftwerkes lambach/oö geschrieben. ich selbst
schwarze blindsonnen. lasst oh oh lasst das fischmaul
bin an der traun zur zeit ihrer größten
gefräßig dem kind die pausbacken küssen.

industriellen verschmutzung aufgewachsen.
oh lasst die tautropfentränen auf meiner
seither verbindet uns, den fluss mit mir, mich mit dem
haut trocknen. geht und vergesst. und werft fort, was
fluss ein sehr sentimentale melancholie, dass es mich
niemand entdecken soll. werft die wünsche in
schaudert, wann immer wir uns wiedersehen. dieses
meinen schoß. aber kommt nie mehr wieder. geht
lied wurde an einem nebeldampfenden sa te le te
fort. vergesst, dass es mich noch gibt. sagt den leuten:
D ki I te la se ve te N sa
der kind ist tod. lasst sie weinen und sagt:
ta te ke N te N
zu spät kämen tränen. und sammelt tautropfen.
N pe te pe te
perlen in schalen bringt. opfert. betet.

warum gerade diesen text paradingsen? ke pe
oh lasst die nacht schrecken. fische den körper
AU ve le
aufwühlen. lasst sie dem kind die festtags-
ist es interessant einen text bzw. sein assoziatives
bekleidung vom dunklen anzug des knochengerüstes

echo nach jahren wieder zu befragen -
abfressen. la   Au   ti fliege, fisch-
     ich mag diesen text immer noch –
köder, fest um den hals. oh geht fort! vergesst,
darin schlummern viele erinnerungen an meine
das es mich noch gibt! lasst die tanker im schwarzen
kindheit in den auen der traun.
meer ihre öligen lasten abladen.
la   H H   la   ti   N   se ke
lasst oh oh lasst die nacktschnecken treiben.

I   pa   N   se ke **le se** ke AU. *diese*
ich habe nacktschnecken flöße gebaut. auf
ballade wurde an einem gerodeten aumorgen bei
treibhölzer segel montiert. lasst die tautropfen-
minus 11°, dampfendem fluss, rosen-
tränen die segel schwermachen. lasst es
fingrigem horizont allen baggern und ihren fahrerInnen
geschehen. schließt eure augen. verstopft mit schlamm
und allen, die hören und sehen wollten,
eure ohren. zerreißt das netz eurer nerve
vorgetragen. um ein zeichen zu setzen: lasst
und legt den geist schlafen. lasst oh oh lasst
die au.   *lasst*
die tautropfentränen auf meine haut. lasst
das fließende.   *gegen die zerstörerischen*
das fließende. lasst die nachtschnecken. lasst oh

H   la   ti *interessen der energiebetreiber.*
oh lasst die tautropfen.   se ta   I   pa
das kraftwerk wurde trotzdem gebaut. ge-
nacktschnecken flöße gebaut. auf treibhölzer
lernt habe ich daraus, dass es sich für alle
egel montiert und trag mein geheimnis ins
lohnt, wenn ein fluss bei den verhandlungen
schwarze meer. fische lichtet die anker. schließt
über seine lebenswelt teilnehmen kann.
eure ohren. bekämpft das licht eurer augen
und werdet blind, taub, und fühllos. und werdet
(floß - oder veilchenschnecken treiben an der wasseroberfläche
fremd, leer und leblos. oh seht die nacktschnecken-
der hochsee wärmerer meere unter aus
flöße, oh lasst die öltanker sinken.
erhärtetem schleim erzeugten schwimmflößen.)

©percussionssprache N ka pa sa markus helmhart

53

Regina Hilber

sinnsterz

die gier im bauch
den stress im auge
das herz im aermel
die lust im hirn
den kopf am bein
den verstand im mund

das herz im mund
den verstand im auge
die lust am bein
die gier im hirn
den stress im bauch
den kopf im aermel

das herzauge im bauchhirn
den giermund am beinverstand
den kopfstress im lustaermel

Christine Huber

nebenwiderspruch

trouvaillen, verhörer, verleser (montagen)
oder: fundbestückung, verschreiberinnen, lesen zum verhören
(sammlung)

trauben verrieselt
verheert
die sonne lässt
sich sehen

ein ei knicken
ohnen lärme
verkehrte lichter
wegzugang

brachleggings
in agressivem winkel
fensterblatt

jugend hats gehabt
steine hats gehabt
und schnappatmung
hats ausgewuchtet

bratgut heiterkeitstraining
die suchen einander ständig auf

stufenfreier haarschnitt
luftkonditionierter raum
aufblistern

zeithorizont
steinkohleinheit
in skes gespurt

beteurerungsformel
kaum hatte der rauch
das zimmer von parfüm
gesäubert musste man
die grenzen umräumen

wenn tropfen auf schnee
fallen hört man nichts
als glühstrümpfe
ich mails dann wieder aus

teufelsbrei
auktorial sein oder sich
kannibalisieren
auch das eine form von terror
oder doch ein wirklicher
emotionshydrant

haben das vergärtnern lassen
im sinne von befindung
zum feind hin gelsendrahttüre

kanzleipapier im heizmittel
strapazieren die möglichkeiten
zur schlafberatung
rauchstaubsauger rasten

den schopf bei den hörnern
stören zu lähmenden maßnahmen
bei aktionsbehinderung
gewalt hat dort nichts zu verlieren

von eiskraut bedecktes
behirnen schafft ereignisse
am schiebekragen zu dosen

stallzeug zurastern
öfen mit ohren
kaputtkonfigurieren
in form
von höllenforschung

der mann schien immer
so komplett
er war ein solist
wie alle

sie ist so effizient
wenn der mond
am abend geschah

büroklammer
dem tag eine haube geben

das umsorgerecht
als belohnung lieben
und den pelz
auftragen

dekorationswürfel
spinnwebenwüste
und stachelflammen
wir retten handtaschen

sports utility vehicle (suv)
der saal bleibt alleine zurück
mit einem warmwassertag
hirntschechernd

beschwerdemanagment
es gibt kein grundrecht auf heizen
verfolglich eiswürfel im bauch
und zahlreichen schlafmützen

einpreisen einhausen
einkehren es ist
in stürzen aufgelaufen

standardfürsorgen und
fehlanzeigen zur
anwendung zu verwenden

Peter Huckauf

10 LAUTronen

Oskar Pastior zum Gedenken

andante	**Dedecius**	**Tankred Dorst**
an **Dante**	Delizius	konkret Durst
an TANTE	Dibelius	Tankwart ProUst

FERDINAND

Hindemith	lass Alle	PLATON
her damit	lass Alle	PLATIN
Hände weg	lass Alle	PLUTIN
	r a n !	

INTERNAT	Philharmonie	Tennis
Internet	mehr Harmonie	TÜNNES
INTERNOT	Gigantomanie	**TINNEF**

Nun tut mir N i n i v e nie nie mehr weh!

Anmerkungen

andante = mäßig langsam
Dante Alighieri, ital. Dichter (1265-13219

Dedecius, Karl, deutscher Polnisch-Übersetzer (geb. 1921)
Delizius = eine Apfelsorte
Dibelius, Otto, deutscher evangelischer Theologe (1880-1967)

Tankred Dorst, deutscher Schriftsteller (geb. 1925)
Proust, Marcel, franz. Schriftsteller (1871-1922)

Hindemith, Paul, deutscher Komponist (1895-1963)

Lassalle, Ferdinand, deutscher Politiker (1825-1864)

Platon, griech. Philosoph (427 v.Chr.-348 v.Chr.)
Platin, silberweißes Metall
Płutin = Wladimir W. Putin, russ. Politiker (geb.1952),
        das durchgestrichene "Ł" meint hier den polnischen
        Buchstaben, er möchte zur Polonisierung, sprich: Harmo-
        nisierung Mitteleuropas einladen

Tünnes = lustige Gestalt in Köln
Tinnef = (hebr.-jidd.) umgangssprachlich für: dummes Zeug

Ninive, alte Stadt am Tigris

Berlin-Wilmersdorf, 26.10.2010

Gerhard Jaschke

paragramme – SCHON SCHOEN!

amboss-imbiss auf dem
semmering in simmering:

der enkel vom onkel
ist wie die
tinte der tante –
oder nicht?
an der ader nacht schon. dies schien uns
sicher. beim sacher!

wie wild ist diese wald-welt
wirklich?
wirklich woertlich?

wirt, wart,
hat das wort einen wert?
adam-oedem?

auf schritt und tritt schrott
im selben trott.
in silbensalben?

oder in ulm
auf der alm
nüsse knacken, küsse knicken?

tische in die tasche!

ähnelt der himmel des hammel
dem der hummel?
auf dem sulzberg in salzburg

stelle die stille vom stalle auf die stulle!
an der quelle die qualle – die wallawelle?

die kisten im kasten kosten...

kesse kicken? küsse kacken!

nationalgelicht? latte mit leis und gemise?
oder doch geblatene meelesflüchte?
schöne tage noch, flau.

kose lose, kopf hopf!

paragrammpaarlauf?
heute – huete!
morgen – sorgen?
bilder, bücher? – schilder, tücher!
taschentücher? – taschenbücher!
lerne kerne aus dem sterne in der ferne...

alles hat mit allem zu tun, nichts und niemand will mehr ruhn soon...
englisch ist inglisch, nicht deitsch, sagst du angeblich in deutsch. duce ist
nicht dutschke und hat auch mit dubcek nichts gemein. ähnliches verliert
sich im nebel vom nabel abwärts nobel. allein der vokaltausch macht aus
else ilse, doch nicht ulla, die stammt nämlich von ella, einer verwandten
von wella, ist diese auch nicht aus der familie der paragramme, hat dem-
nach so viel zu schaffen wie kosmisch mit komisch. manchmal ist es bloß
ein buchstabe, der zu viel oder zu wenig vorkommt in einem wort, das ist
nicht sport vor ort, ein mann, ein wort, die sorte kennen wir schon, gell?
die galle schwappt über, helle nach schwips vom schweps?

nachts nichts dergleichen außer bergleichen? zielfernrohre?
du verhörst dich, kommst dir ein wenig plemplem vor. klimperts?
das klumpert vom klempert, klampert oder klompert?
du liest falsche fußnoten als faßnieten.

wie kommt es, daß die chinesin selbst das auf ihrer speisekarte stehende gericht namens toryaki als tolljacki ausspricht? mußt du also doch meelesflüchte bestellen, mit leis statt reis dazu, das r stets als l lesen und sprechen? wohl nicht. käme sie sich nicht verarscht vor, ordertest du flische fische nach flühlingslollen. und was werden wir heute trinken, pardon, tlinken? biel? flüchtetee? minelalwassel?

paragramme überall!

so auch mustermutter
im wanderwandel...

leck keck

das leben loben! sich am leben laben! das leben lieben!
mit den lippen der lappen?
nehmen wir die lupe zur hand, auf der loipe über land:
sand an der wand, am rand.

weiter heiter!

gerhard jaschke, 9.9.2010

fortsetzung paragramme

paragramme kommen einem auch gelegentlich als buchtitel unter, wie „furien in ferien"...
manche wörter eignen sich hingegen gar nicht für einen vokaltausch, etwa „knecht" und etliche andere. und mit konsonanten tut man sich auch nichts gutes. seis drum!

reden wir über bildung!
bindung meine ich. bildung weine ich. ach!

von der verlosung einer vorlesung sei fortan berichtet.
gebeichtet?
schnucki schnecke hindu hunde hände hoch!
schneller schnuller wartezeit...

schiefe schafe wortezelt, bärliburli, bierli?

schnitt- oder schrittmuster, master!

moritz schlick, der auf die umbenennung in mawitz schlack
nicht allzuviel wert legt, wie leicht denkbar.

poregrumme posegrimme potegromme

frauen des alltags? fragen des alltags!
beste festereste
stopft die verschwender! stoppt sie!

warm ist der wurm, sonnig und sinnig

verfahren gegen vorfahren
billig. bullig!
bald im bild!

vorrat an verrat?
blase bluse!

macht nacht nicht
pacht pocht
sacht sucht bucht wucht
jacht, pracht, fracht, tracht, wacht

rotz aus retz nach kitz zur katz. zum kätzchen, dem krätzchen,
der krätzen.
zum kotzen, zum motzen, zum protzen mit pratzen, pretzen,

pritzen
unger am anger
stellen stollen im stillen stullen?
richtig? wichtig!
wissen? pissen!
gelenkgedenk: karriere? barriere!

zum guten punsch der gute wunsch?

ein ende in sicht? gicht! wicht!

gerhard jaschke, 1.10.2010

noch mehr paragramme

rauchen kann tödlich sein, aber auch tauchen.

was kinder längst wissen rinder pissen:
aus saulus wird leicht paulus wie umgekehrt aus paulus saulus.

werke oder werte standen auf dem spiel?
werde war am ziel zu lesen für jedwedes wesen.

wasserlasser sind wie wind, sie, die immer
im zimmer sind, kind.

der boden knarrt – der hoden knurrt
der hoden? der loden!
der loden knurrt,
aber der magen hat das sagen.

paragramme überall! mao und max!
sanieren – hantieren – flanieren
griesgrämig großgrumig

armut anmut
singe dinge eben oben
paragrammpaarlauf? wander – wandel,
schwabe schwebe!

die tinte der tante läuft auf tunte hinaus.

reißen auch alle stricke, bleibe ich nicht auf der strecke.

leicht weicht ein buchstabe in einen bach der stube.

gerhard jaschke, 20.10.2010

noch viel mehr paragramme!

muster-mutter
filter vater-falter
als folder vom felderarchiv!
lach loch aus lech!
kaue und baue!
und liebe hiebe!
verrenke! versenke!

kuchen suchen, buchen!
fluchen!

was kuckst du, wenn du kackst?

dieter als mieter
in biel am ziel?

heisse scheisse!

brich dir kein bein,
wirf einen stein, bleib allein
und trinke wein, weib
leib an leib
zum zeitvertreib

das sind aber schon erweiterte paragramme, gell?
ja doch, expended paragramms – kaue und klaue!

amboss-imbiss:
wie wild ist diese wald-welt wirklich?
wirklich? wörtlich!

auf zum letzten paragrammepaarlauf!
heute hiebe, liebe leute?
morgen keine sorgen, weine heine!

mustermutter im wanderwandel?

raufen, laufen, kaufen!
saufen, taufen!

erotik-exotik?
macht des lichts, nacht des wichts.

der rüde ist müde.
traktat? trick tot.

auf diese wiese
weise leise, reise!

miese liese, niese!

gerhard jaschke, 5.12.2010

paragrammschlusswort

steckt nicht im obama
ein quäntchen von osama,
wie osama eigentlich auch
ein bisschen obama war,
nicht wahr?

und judas lucas,
hat das wort
noch einen wert?

wart wirt!
ein bier in bar
an der bar
mit bär pur!

lach doch,
du loch du!
schlosswart
schlusswort!
schliess wirt
schleisswurt.

wien, 6.5.2011
gerhard jaschke
girherd juschki
gorhurd lischka
garherd maschko

partygramme

vorlage

Paragramm (griech. = Zusatz, Verschreibung), scherz- oder spotthafte Ersetzung
e. Buchstabens durch e. anderen, so statt Claudius Tiberius Nero; Caldius (= der
vom Weine Glühende) Biberius (= Trunkenbold) Mero (= Weinsäufer) bei SUE-
TON. Als scherzhaftes Wortspiel z.B. bei J. Joyce, E. IONESCO.
(Wilpert, Gero von; Sachwörterbuch der Literatur; Alfred Kröner Verlag Stuttgart,
2001)

partygramm

partygramm (kriech. zusaat, vertreibung). schmerz- oder gotthafte
ersetzung e. buchstaubes durch e. andenken, so statt caldius biberius
mero; claudis (? der vom weine blühende) tiberius (? trunkenbold) mero
(? beinläufer) bei sauton. als schmerzhaftes mordspiel z.b. bei j. joyce, e
unesco.

konsonantresistentes paragramm

pure grimmige rache. zeus out. zuvor schrei bang! schrei zu dir. spott-
hafter satz nage buchstaben. sei durch neid rein. susi tot, ute cool. des
tiberius niere cold as a dire ovum.
wonne: geilhand bei boris' trinknabel, ödeme, eier, weinsäufer. baue
satan als scherz hufe, tee sowie ratespiele. zibebe, ja?
& jec ne sauce.

Mark Kanak

Paragramme

3 Gedichte aus „abstürze" (Das fröhliche Wohnzimmer, 2007)

kriterium des absturzes

mir ist nun
  der konkrete fall
   geschildert worden
  meiner meinung
  dazu
ist heute
    fällig

   dieser idee der
      belebten krise
    [weil es einem erlaubt]

  ein arger mann
    am tisch
  nichts mehr
   deswegen
     langweierig

  ist nun so oder so

beide funktionen
     abwechselnd wahr
   genommen

sich nicht mal
    ertragend
   eine wunschprojektion

die reise von der
   grenze zum festivalort
leserkreis
   die wirkung der kritischen
     äusserung
saugt's aus

   im keim erstickend
altmodisch
brav
  blöd

   nun derjenige
von seiner aufgabe
   und seiner funktion
überzeugt
  schraubt's zusammen
stellt's auf
**   macht die tür nachher**
zu

briteria desaab tür zest[1]

beer[2] bist numb[3]
   der ‚concrete stall':[4]

---

[1] briteria = ist wie ‚cafeteria' ähnlich, dort geht man aber hin, wenn man ‚bright' werden soll, d.h. ‚hell' werden; ob sowas möglich ist, war von Herrn Peter Schneider-Supersaxo (Limmatstr. 23, 04109 Leipzig) mal um 3 Uhr morgens besprochen,vermutlich; ‚desaab' = was Mexikaner in Chicago manchmal fahren; Tür = ‚door'--ach, das wussten wir schon; ‚Zest', hat eine Doppelbedeutung,, z.B. a) he has a zest for life (nicht ‚lust for life', wie Iggy's mal besungen hat), d.h. Lebensfreunde, b) Zest, Seifenmarke, US, grässlich, das Zeug. Auch möglich: ‚British cafeteria'.

[2] anstatt mir, beer = saufgedichtlich, ziemlich ernst zu nehmen

[3] numb = taub, wie betäubt

[4] ‚concrete stall' = hier, Chorgestühl aus Beton (was das zu bedeuten hat, haben wir keine Ahnung)

gepilfert[5]? wor den?[6]
meiner mein güng-yu[7]
dazu
ist beutel
    fälling[8]

dieser idee der
    belaybten[9] krise
    [weil es keinem ersnout[10]]

ein arg!er mann
    am tisch
nichts mare[11]
    deswegen
      ranggierig
bist nun klo oder snow[12]

kreide funky / tonen
    krabbelchenzen[13] starr
gen / ommen

sich dicht mal
    vertragend
eine punchpr / ojektion[14]

---

[5] mischsprachig! ‚pilfer‘ ist Ami-Slang für ‚klauen‘

[6] mischsprachig = ‚wo dann?‘ oder auch ‚where then?‘

[7] sieh, besser noch mal ‚Yu-Güng‘ von Einstürzende Neubauten hören

[8] mischsprachig! FALLING DOWN!

[9] wie man in Piratensprache sagt, ‚Belay that order!‘; ‚Befehl nicht durchführen‘!

[10] ersnout = mischsprache, ‚snout‘ heißt ‚Maul‘, ist mir mal gesagt worden; wartemal, das stimmt nicht, ‚Schnauze‘ waere‘s eher! O je. Wie etwa ‚oh yay‘, wie etwa ‚hip hip hooray‘, wie etwa ‚achtung, fertig, los!‘ oder eher nicht.

[11] mare = Esel; oder auch z.B. ‚mar‘, ocean, sea, la mer

[12] snow = white stuff

[13] belch = das Rülpsen; zen = das Ding das Pessl gut findet

[14] anstatt ‚wunsch‘, punch = ‚Schlag‘

die kreise yonder[15]
   krenze[16] zum fest / ivalort
lesergreis
   die irkung[17] der britischen
      äusserung
taugt's aus

im lime[18] erstickend
   kaltmodisch
sklav
   wöd[19]

   nun derjenige
von steiners[20] kaufgabe
   und seiner gumption[21]
überbeugt
   staubt's zoozummen[22]
bellt's aus:
   „Mart Dietür Nacher--[23]
through!"

---

[15] anstatt ‚von der' ‚yonder' = da drüben, US Umgangsspr.

[16] wie unser Freund Egon

[17] Mischsprache: irk = ärgern, verdrießen; ‚that really irked me', das ging mir echt auf die Nerven

[18] lime = eine Limonelle

[19] wie z.B. ‚word'

[20] hier ist nicht ‚Rudolf Steiner', Straßenbahnschaffner, in der Brunnenstr. 5, Berliner Mitte, der zufällig seinen Namen mit dem anderen Rudolf Steiner, Torschützenkönig 1987 des Viertligisten FC Birmensdorf (CH) gemeinsam hat, sondern ‚Charlie Steiner' gemeint, US Baseball Reporter, ESPN

[21] gumption = US Midwest Umgangsprache, etwa ‚der Schneid', ‚the gumption to do s.t.'

[22] zoozummen = Mathematik, zool. Garten, Leipzig

[23] ‚Mart Dietür Narcher' = offensichtlich erfundene halluzinatorische Einkaufshalle, wie ‚Real' oder ‚Kaufhof', aber eher ‚Konsum' ähnlich; dort kauft man samstags gegen 15:00 Brötchen, Käse, Klebestoff, Orangensaft, Gurken (eher nicht, nur montags), und sechs Dosen Schwarzbier

einweihung

das kinogefühl
      ansatz
   für creme

   wie die
   bettnässende kinder
angenehm gestalten können

     weniger innereien
      essend

    fingerabdruck
   ein bemanntes russisches
      raumschiff
    des augens

  nichts zugebend
    nichts hinnehmend

beinleihung

lass[24], kinogestühl,
    bahnsatz[25]
  für dremes;[26]

  sie-die[27]
  fettsässige cinders,[28]
angenehm gefalten, rönnen[29]

    Henninger „Sinner Eisen"[30]
    chessend[31]

  fingerabdruck
ein beahntes prussisches
    schaumschiff
  des saugens

„nichts Zug, eben da?"[32]
  „Nix him name, en dada"[33]

---

[24] lass (schottisch) = Mädchen, Mädel

[25] hier: ein Satz im Hbf Leipzig ausgesprochen; man redet mit einen Pfosten

[26] dreme = ‚Traum'

[27] sie-die, etwa ‚seedy'; Umgangspr. US = ‚schleimig, dreckig'

[28] cinder, US Englisch, wie z.B. ‚burnt to a cinder'; ‚verkohlt'

[29] Ami-Slang, ‚runnin', wie etwa ‚ise a be runnin' down da road'

[30] Henninger--bier?; der Spinner; ‚Sinner Eisen', etwa Eisenstangen, die von Sündern gebraucht werden

[31] chessend = Matt! (Schach)

[32] Cowboy spricht Cahokia Indianer an, erniedrigend, oder? Etwa: „Mein Herr, ist der Zug schon angekommen?"

[33] Cowboy & Indian Sprak: ‚Nichts him name / en dada' = Bei seiner dadaistischen Aktivität hieß der Typ halt ‚Nix'

maßblatt

ein unbeschriebenes blatt
        auflicht
  los und [weg]
        dampf
zu günstigen bedingungen

    weich, matt
        s-bahn durch
      die flugbahn;

        ausreichend
    rc und josef
        vor abflug brüllend

spaßratt

rein funrestriebenes[34] flott[35]
  hauflicht
   lost und [keg[36]]
    dampf
zu fünstigen[37] bedingungen

  pseich,[38] ratt,
    fetz-hahn jurch[39]
   die krugbahn[40]
     mausschleichend
  Heer-C[41] und shosen[42]
   tor, abzug, brillend[43]

---

[34] was nun von ‚fun‘ übrig blieb

[35] flott, New England ‚flott tore‘, ‚flat tire‘ = ‚Reifenpanne‘

[36] keg = ‚Fass‘

[37] fünstig = viel funner!

[38] pseich = Umgangspr. US Midwest, ‚psych!‘; etwa wie ‚komm, mach, du blöder Idiot, los!‘

[39] jurch = ‚jerk‘, etwa wie ‚moron‘ oder ‚idiot‘

[40] die Krugbahn, sehr häufig von Kleist gebraucht um zu prüfen, ob Selbstmord durch Krugzerbrechen tauglich sei

[41] Heer-C = da gibt's Möten, a) hearsay (dt. vom ‚Hö‘), oder b) ‚Shampoo, etwa Formel ‚Heer-C‘, von Dezember 1978 bis um April 1979 in Cottbus hergestellt, vom Markt entzogen, da es bei Konsumenten Durchfall und vorzeitigen Tod verursachte. Die Haare der Leichen, merkte man am Rand des Massengrabes, waren *so sanft und schön!*

[42] shosen = ‚chosen‘, Umgangspr., New Orleans; „j'ai chosen dis thang!“, „Diesen habe ich genommen“

[43] brillend = entweder ‚brilliant‘, was auf Deutsch etwa ‚brilliant‘ heißt, oder brillend--‚ich trage eine Brille‘

Christian Katt

eine geste im welt.raum (textauszug incl. kolonkolonnen aus: *die amsel singt durchs lärmschutzfenster*) : (coop. werkgruppe umgruppierungszwang) : (streuung der rein.folge (reihung ortsungebunden / teilw. datiert): *wehwehweh.broetchenundspielchen.com.net*.consumerism (verhoer.verlies. verschreib) :

die zahlung fäll.ich bei gehalt : : : : : : : betriebsschlüsse : dabei galt das werk als eines der erektivsten : : : : : : : : dabei bin ich überzeugt dass wir in eine richtige zukunft gehn : sagt der hobbylobbyist : : : : : : : : wir aber befinden uns in einer anstalt für abnorme rechtsbieger : : : : : : : : : mittn in einem dialekt.babelesken mistverständnis : : : : : : : die warenabenteuer sind im topf (kochshows wuchern : sahelzoneneintopf : sachermasochtorte mit schlagschattn) : : : : : selbstbefriedung tut not : : : : : : dildo.berater/ in gesucht (inserat) : : : : auch groszvieh macht mist (finanz macht krisen : börslbericht) : : : : afterwork : büroschaf : : : : : : : : : modellbauern sind einfach besonders interessierte baukästn : brutkästn : bauernkasten : die hatten probleme mit der seele : : : : die gebrauchsanweisung wurde mit einem wahnhinweis versehen : : : : unter.haltung (siehe auch: durchhaltekomm.ödie) : : : : : gibt's keine weiber mehr mit legedatum : hörfehler oder : dopplereffekt aus dem vorüberfahrenden auto : : : : nachhaltiger tourismus : : : regionen kämpfen nur mehr noch um das überzogene leben : religionen kämpfen nur mehr noch um das überzogene : : : : : : : : : : vorstellung: bei.nah alle im wachkoma : : : : wachkomma : : : : : wir aber hegen keinen groll gegen den mund : : : : mit einem verschwitzten lächeln beteuert er : die teure markenware hat nur noch flohmarktwert : : : der traum vom schutzgebet : er.hört sich selbst : habemus gläubi.gern : selbstschussanlage (cerebral) : : : : : trotzalledem wieder frühling mit fliederalarm : : : : : was heißt gratistüte auf z. b. polnisch : wieder einmal blasphemiert mich die drogeriemarktkassierin : grüßgottsackerl spricht sie zusammenaus : so schnell : sagt man dazu jetzt schon internalisiert : oder noch in.struiert : : : : das sagt man halt so : : : : : man sagt nichts einfach so : : : : das nix und das seine : sei.ende : : : : : : schrei.ende : : : : : : : : winter:luft : die aus sehr langsamen molekühlen aufgebaut ist : : : : neu : mobilitätsgarantie (diskonttankstelle maroltingergasse) : : : : : : er fühle sich derzeit dennoch wie eine muldenzentrale : : : : : : : : : 200tausend euro wolle man in das land bomben : um die transportwege zu sichern : : : : wir nähern uns also dem endkampfkrampf und der endgültigen ohnmacht : : : raping.agenturen fassen füße : fußfessln : : : : : : alles andre bleibt karitas : sozialhilfe : schmerzlinderung : narretei : : : : oder eine geste im weltraum : : : : : der fleischer beim merkurius sagt : das ist ja als ob morgen der dritte weltkrieg ausbricht : also einen tag vor dem tag der arbeit am 1. mai : : : : : die englische galeristin (viennafair) erklärt mir : dass sie jeden tag das schweinshirn austauschen muss im glasbehälter : weil das so stinkt : aber der künstler wolle das so : ich schlage vor : stattdessen im gefäß einen zettel zu deponieren mit der aufschrift : everyday you need a new brain : : : ja : das gäbe zu denken : und wäre im handling einfacher : : : wieder ein unausgeführtes kunstwerk mehr im gedachten universum : : : : sei nicht so empfindlich : : : : : iss auch ein linzerauge aus künstlichem staub : geschmacklich erinnert es an konsistenz : aber an welche denn : : : : wie mit einem tat.förmchen ausgestochen schien das backwerk : : : : : eine trenn.wende : : : : s gibt scho monchmoi an b.weis : raunt jemand mir ins genick : : : ich nick : : : spatzen zwitschern im elephantenhaus : : : ein menschngarten im tiergarten : der bundesdeutsche zoobesucher : mensch : die sinn ja kuhl : ja : deshalb heissen die auch eisvögel : dachte ich : dabei warn es bienenfresser : wie flink die fliegn : bienen.fleissich : : : : : die world : eine semi-oper : semi:permeabel : in der die protagonisten alle bestochen wurden : um schauspieler innen zu spielen : äußerlich ist ihnen weder anzuhörn : noch ansehn : : : : ich hab ihn gesehn : als kind : wie er gesungen hat : : : : zaunkönich : : : : auf die frage : was denn zeitlos wäre : : : belgrader künstler wurden interessant erst als belgrad bombardiert wurde : : alle städte sind gleich : schrieb jemand : : : : immer abgelenkt sein hilft : : : : wie im flipperkasten (flimmerkastn) kugeln also die gedanken : : : : : mottetten erschlagen : : : : daraufhin entwickelte er übelmenschliche kräfte : : : : ruderte mit den armen die luft : dirigent : oder pikador : : die putzfirma wirbt : seine arena sei das stiegenhaus (mitarbeiter.innen.verhöhnung zunehmend) : : : ankündigung : schlosspark theresianum : 20h : wiener blut (071209) : was für geschichtsbewusste : : : : lt. aussage des diensthabenden kellners (eiles) : rückwärts ist nichts : ein angelus novus novus fragz : : : vor dem gesetz sind alle ähnlich : sie dreht schneckn gestn : wie über wasser kreise ähnlich ähnliches : : : : spinnt an ihrem spielzeugpullover : pull under : (071709204./48a) : ich möcht gern irgendwas kulturelles konsumiern : wenn das wetter morgen nicht so schön ist : schreit die etwa 20jährige ins mobiltel : : : : : im chinesischen restaurant steht geschrieben : mann kann fett auch arm essen : : : : : : viele halten sich daran : : : : : : : was mich umbringt macht mich nur weicher : : : : : jeder stein muss atmen können (bsp. kalksandsteinrestaurierung im kunsthysterischen museum / oe1.0803090955) : : : : : : : : : : : : : : : : in schenbrunn vor dem tigerkäfig meint jemand : du muaßd imma kumma wons jung san. weu des is unwidabringlich (080309) : die lage ist ernst und hoffnungslos : variation 1 : die lage ist fernst oder fensterlos : variante 3 : die lage ist ernst und die hoffnung loose : : : : : : : : : : : woat's : a zunge homma a no draussn : sagt der mann im spar (0821091117 / josefstadt) : ergebnis:bestellung : eine semmel mit käse aus dem tal der emmen : : : : : : : : : : : : : : when in world : do as the humans do (leute sinn keine menschn) : andre welten andre sittn (alienweisheit) man muss nicht mit den leuten heulen : eulen atmen nach athem : : : : anthem : : : tragn wir das geschick in den ruhezustand : : : : : : : : : : : : : : schlecht ding braucht eil : : : : : : : : : : : : : gesellschaft für antioptimismus (variante: antioptimierung (vgl. schlaf.effizienz)) : : : : : : : : : : : : : : : : restless heart syndrome : : : : : : : : : : : : : : : : siebseelendurchdruck ausdrücklich : : : : : : : : : : : : : : : : : : neuer arbeitstitel: die entstehung der unarten : übung macht den fanatiker : : : : : : : : : : : : : fuck yourself and god fucks you : : : : : : : : : : : : : vermischung zweier folxmärchen: meinen nächsten lieb ich nicht / nein : meinen nächsten lieb ich nicht : variante: ja : meine suppe esse ich (ecce homo singularis) : : : : : : : : : : : : : : : ich hab dir ja (neulich) geschrieben : wegen so einem anfall von extremekel : : : : : : : : : : : : : meide also die horden rufz : : : : : : : : : : : : : : : die gewaltigsten (!) aller raubtiere seien spinnen : sie hielten das heer der insekten in schach (aber in mittelamerika hätte eric olson (brandeis) nun erstmals eine vegetarische gefunden : sie nasche von akazien (current biology (101209 die presse)) : : : : : : : : : : : : : : department of error : beim fünften wiener nobelpreisträgerseminar 2010 ginge es um frieden und nicht wie fälschlich und voreilig berichtet um physik (die kommt 2011) : (atomphysik fragz) : : : : : : : : : : : : : : supermärkte bleiben kathedralen der moderne biss

zum bittern schluss : : : : : : : : : : : : : god has just left the building : : : : :
: der schrei sei so stark beschädigt : dass er das
osloer museum nicht mehr verlassen dürfe (oe1.1016090811) : : : : : : : : :
: : : : : o slower be thy cry : : : : : : : : : : : : : : : du irrst nun all.so in den hallen
umher als geist all.zeit : : : : : : : : : : : : : : wir allerdingens verlangen
leichtfertig nach innovationen : variante : wir erlangen leichtfertig
ovationen : : : : : : : : : : : : : : : im zeitalter der globalen verletzungen : : : :
: : : : : : : : : : verbleiben wir noch ein weilchen : mit zusammengebissenen
ahnen : variante : mit zusammengebissnem ahnen : : : : : : : : : : : : : tu
irgendwas und rede darüber : : : : mordmaschinisten : : : : : : : : : : : : : : ein
bild für menschen : : : : : : : : : : : : : : unkraut vergeht : : : : : : : : : : : : : : china
ist hinrichtungsweltmeister (oe1.0330100803) : : : : : : : : : : : : : wirtschafts.
bumm : bonzn : trotzn trotzdem in den medien : gfrießduschn (vgl:
gesichtsbad) : : : : : : : : : : : : : der wahrste sinn der worte : vgl: der
allerwahrste sinn der worte : vgl: der wahrscheinlichste sinn der worte : :
: : : : : : : : : : : : : : : : : konfliktbegabt unterhielt sie sich köstlich mit den
verbrechern nach den regeln des spiels unangereckt : so bringt sie ihr
scherflein ins trockne : : : : : : : : : : : : der chef der unglücksmiene aber
musste trotzdem zurücktreten : : : : : : : : : : : : : der betrüger eröffnete mit
entwendeten werken aus der konkursmasse ein institut für künstlerische
besamung : : : : : : : : : : : : : so mancher benötigte einen leuteführschein :
: : : : : : : : : der maschinistinnenstürmer dagegen arbeitete mit einem
pinguinkorrektor : : : : : : : : : : schließlich verletzte er sich am arbeitsplatz
schwer an der seele : : : : : : : : : : : : : millionen zählen : : : : : : : : : : : : : :
nebenberuflich hackelte er in einem enthauptungsstudio : : : : : : : : : : : :
: was solls : augen auf und durch :

Ilse Kilic

aus dem leben einer fauna (eins)

natürlich, ja.
das tier.
ich kenne keines
das gedichte schreibt.

aber da,
das tier
tritt fröhlich auf
zb. im gedicht.

im gedicht
im film
lichtspiel und sonstwo
auch gedruckt.

ob ich fauna bin
fragt mich die laterne
die als alleinstehender baum auftritt
(fotografisch natürlich).

naja.
als werwolf vielleicht
oder als pantoffeltierchen
aber so?

oder
rede ich zuviel?
allein bin ich ja
nicht.

aus dem leben einer laune (meins)

natürlich, ja.
das bier.
ich kenne keines
das gedichte schreibt.

aber da,
das bier
tritt fröhlich auf
zb. im gericht

im gericht
im film
pflichtspiel und sonstwo
auch getunkt

ob ich laune bin
fragt mich die moderne
die als alleinstehender traum auftriff
(volontarisch natürlich)

naja.
als plansoll vielleicht
oder als kartoffelkäfer
aber wo?

oder
rede ich zuviel
ein stein bin ich ja
nicht.

Magdalena Knapp-Menzel

thema verfehl.
ttt
(gemein!
korr: AIn!
sahm!)
(zitat, ich kopier und stehl nix, bim ja: nett, aussen. min. ist: ej!
rrrrrr)
pfom teutsch
lamm.
odr
 pröll junir, o)
oooh! drrrrrrrrrrrrrrrrr
au!

ss (nein, das unterstellined, odrodr)

von und zu den doktor trag ich nicht nic
hhhhh
od
vor
ÜÜÜÜÜÜÜÜÜÜÜÜber
geh!
end.
lüdr hovi nidd sprachglrnt
lödr.
bin zu schön zu reich zu.
lädr.
weu! ined .
shirrrch sondarn sowas von
SCHÖN
udn
RAICH
bimbim.
ponkt.

auch kannich mich nett end
schul.
dign!
(zit

binzu
SCHÖÖÖÖ N!
nn.
nn.
zreich.
(zittaich zittat, owawos,
owa: ich kopier und stehl nix, bim ja: nett, aussen. min. ist: ej!
gra
na des schaffi schaf
i nett
gras.
er.
bäääähhhhh!)

(t hhh
emma
verf
eh!
lllllllllllt.)

Richard Kostelanetz

FULCRA FICTIONS
(Any number of
which may be
published, in
any order.
Imaginative
design is
encouraged.)

ADDICTION.
ADDRESSES.
ADHERENTS .
AGENT.
ALLAY.
ALLIED.
ALLOWED.
AMEN.
AMOUNTING.
ANCHORAGE.
ANSWERED.
APPEARED.
APPROACHES.
ARCHIVES.
AREARS.
ARMORED.
ARMY.
ASSAILS.
ASSAYS.
ASSENT.

AUTOPSY.
AVERAGE.
AWAKEN.
BAFFLED.
BAGEL.
BAILOUT.
BALLADS.
BALLAST.
BALLOONS.
BALLOTS.
BANALITY.
BANDIED.
BARKS.
BATHINGS.
BEACH.
BEAGLE.
BEARINGS.
BEAST.
BEATEN.
BENDS.
BEGIN.
BEGINNINGS.
BEGRUDGES.
BEGUN.
BESTOW.
BETRAY.
BIGOT.
BILLIONS.
BILLOW.
BITCHES.

BLANK.
BLEACHES.
BLESSINGS.
BLOWER.
BOON.
BOOR.
BOOZES.
BOTHERS.
BOUGHT.
BOWLS.
BRANDIES.
BRAINS.
BRIEFED.
BROKERAGE.
BUDGET.
BULLETS.
BUTTERED.
BUTTONS.
BYE.
CALLOUSES.
CALLOW.
CAMERAS.
CANAL.
CANARY.
CANTILEVER.
CARE.
CAROUSE.
CAVEATS.
CHARMS.
CHARIOTS.

CHOPS.	DIALOGS.	FAILURES .
CLEARLY.	DIETARY.	FALLACY.
CLOSETS.	DIGESTS.	FALLOUT.
CLOTH.	DIME.	FAVORED.
CLOTHESPIN.	DISCUSS.	FATALIST.
COAXIAL.	DESIGNATIONS.	FATE.
COCKEYED.	DETESTABLE.	FEARED.
COLORATION.	DONE.	FEELS.
COGENT.	DOUR.	FELLOW.
COMEDIAN.	DOWN.	FIREPLACE.
COMET.	DOZEN.	FISHER.
CONE.	DRAGS.	FLAMINGO.
CONFESSING.	DRAWINGS.	FLASHY.
CONFIDENT.	DREAMS.	FLICKERINGS.
COPIES.	DREDGES.	FLOWER.
COPOUTS.	DUSTY.	FOREPLAY.
COVERAGE.	EARNEST.	FORGET.
COUNTRIES.	EATEN.	FORMATS.
COUPON.	ECHOES.	FOUNDER.
COWARD.	ECLIPSE.	FREED.
CRAFT.	EMERGENT.	FUCKINGS.
CRASHES.	ENCHANTER.	FURTHEREST.
CRAVEN.	ENCROACHES.	FUSED.
CROWN.	ENDANGER.	GALLOPPING.
CRUMBLE.	ERRANT.	GLOWING.
DAME.	EVENTS.	GOATS.
DEAREST.	EXAMINES.	GOLDEN.
DECORATE.	EXCELLENT.	GONE.
DESIGNATIONS.	EXISTENT.	GOWN.
DESTROYING.	EXPRESSO.	GRASSHOPPER.

GREATEST.

GROUPIES.

GROWN.

GROWING.

HALTER.

HARMFUL.

HAILING .

HAMMERINGS.

HATE.

HEARING.

HEARSES.

HEART.

HEATS.

HEDGES.

HISSING.

HOCKEY.

HOLLERING.

HOSTAGES.

HUGEST.

IDEALS.

ILLIBERAL.

IMPEACHES.

IMPORTUNES.

INDULGENTS.

INTERESTS.

INVENTORIES.

JEWISH.

JOURNALISTS.

KISSING.

KNOWN.

LABORATORY.

LABORED.

LACKEYS.

LADIES.

LAGOONS.

LEASE.

LECHER.

LENGTHY.

LESSEE.

LEVERAGES.

LISTEN.

LIVERY.

LOVER.

LULLABY.

MAIDS.

MANGERS.

MARCHES.

MASHER.

MASKS.

MATES.

MEAT.

MEDIATE.

MEEK.

MEMBERS.

MENDS.

METAPHYSICS.

MISSPELLS.

MISTAKEN.

MOBILE.

MOON.

MOTHERINGS.

MOUTHING.

MOVER.

MUFFLING.

MULLIONS.

NOBLEST.

NOTARY.

OFFERINGS.

OFTENEST.

OPERATES.

ORALLY.

ORATIONS.

OVERAGE.

OVERTAKEN.

PAGED.

PAILS.

PARENTS.

PASSPORT.

PASTIME.

PEACE.

PEACHES.

PEAT.

PEELS.

PERISHED.

PIMPLY.

PISSINGS.

PITCHES.

PITIES.

PLANETS.

PLEASE.

PLUME.   REMEMBE**R**ED.   **SH**EAR.

POE**T**RIES.   REP**EAT**.   **SH**EAVES.

POL**LUT**ES.   REPLA**CE**MENT.   **SH**EEP.

POO**REST**.   RESI**DENT**.   SHOR**TEN**.

PO**STA**GE.   RE**SPIT**E.   S**HOVE**L.

PRE**SS**URE.   RE**STO**RE.   SHO**WE**D.

PRI**MA**TE.   REVER**BE**RATE.   SHO**WI**NGS.

PRO**D**UCTS.   REVE**RE**NT.   SHO**WN**.

PRO**MO**TION.   RI**CH**ARD.   SIG**NA**TURE.

PROJEC**T**ILES.   RI**DE**S.   SI**NEW**.

PRO**P**OSES.   RI**SK**Y.   SLEE**P**ING.

PRO**VE**RBS.   RO**ACH**ES.   SKIL**LE**TS.

PRU**DENT**.   RO**BUS**T.   SK**IN**.

PUBLI**CA**N.   RO**DE**NTS.   S**LOP**ES.

PUL**LE**D.   RUI**NA**TION.   SLO**WE**D,

PUL**LO**VER.   RUSTI**CI**TIES.   S**OAK**.

PUL**PI**TS.   SA**GAS**.   SOL**VE**NT.

PU**SH**OVER.   S**AGE**S.   SOO**NE**ST.

QUEE**REST**.   SA**TI**RES.   SOR**T**IES.

R**AGE**D.   SA**TU**RN.   S**OU**GHT.

R**AMB**LING.   SCA**RE**D.   SP**EAR**S.

RAM**P**ANT.   SC**RAM**BLE.   S**PILL**S.

R**ANT**S.   SE**AR**CHES.   S**READ**ING.

R**APE**S.   S**EATS**.   ST**AGE**S.

RA**REST**.   S**EE**K.   STAL**LI**ONS.

R**ATE**.   S**EE**LS.   STEE**RA**GE.

REA**DY**ING.   SEE**KI**NG.   STE**W**ARD.

RE**DEE**MS.   SEL**FI**SH.   ST**RETC**HING.

REFE**R**ENTS.   SEVE**RA**LLY.   STU**DI**ES.

REGI**ME**NTAL.   SHATTE**R**INGS.   SU**BO**RN.

SU**RE**LY. TRE**A**TIES. W**OVE**N.

SUR**F**ACES. TRI**LL**IONS W**RITE**.

SWALLO**W**ED. TRUM**P**ETS. Y**E**ARNS.

SWIF**T**EST. TRUS**T**EES. YE**L**LOW.

TA**B**OOED. TUR**N**IP. YOUN**G**EST.

TA**K**EN TW**IT**CHES. AMAS**S**INGS.

TAL**E**NT. UR**GE**NT. PA/RA**PET**S.

TA**P**ES. U**S**ING. TAR**PAPER**ED .

TA**PES**TRIES. VA**LE**T.

TA**R**IFF. VILL**A**GES.

TAR**T**ANED. VIO**LE**T.

T**AX**ES. W**AG**ES.

TEAC**HER**. WA**LL**OPS.

TE**A**CHES. W**ANT**S.

T**EA**T. W**ASHIES**.

TEE**N**AGERS. WA**SH**OUT.

TEM**P**EST. WA**S**TAGE.

TE**N**OR. WEA**R**ING.

TH**OU**GHT. W**EIGH**T.

THRAS**H**ER. W**E**EK.

THREA**T**EN. W**E**ND.

TH**ROW**ING. WHE**N**EVER.

THR**OW**N. WHE**RE**IN.

TH**RU**SH. WH**ET**HER.

TH**WART**S. WHIS**K**EY.

T**IRE**D. WHOO**P**EE.

TOI**L**ET. WIL**L**IES.

TO**W**ARDS. **WIN**GS.

T**O**WN. W**IT**CHES.

TRANSCEN**D**ENTAL WI**TH**ER.

Oelpoem
(Österreich und Alaska 2011)

a)

IM ÖL
Ölfilm in zwölf Episödchen
(Ö 2012)

Plot (blöd):
(1) Mysteriöse Ölfelder → (2) mysteriöse Ölgelder → (3)
mysteriöse Ölbilder (von Entblößten) → (4) gehen flöten
→ (5) werden verhökert → (6) werden aufgestöbert → (7)
öffentliche Empörung → (8) weil Entöhrung → (9) ÖVP,
SPÖ, FPÖ, BZÖ und Gröne sind verstört. → (10) ÖMV
bohrt weiter. → (11) Börsenkurs föllt trötzdöm. → (12)
Österreich am Önde

Sound (öd):
Dröhnen, Flöten, Stöhnen, Grölen, ötc.

Aktöre (hochkarötig):
Sör Sean Connery, Romy Schnöder, Ölfriede Ött, Lukas
Rösötöröts

Drehörtlichkeiten (schöne und öde):
Ölfeld im Marchföld, Gehölz bei Oberwölz, Österreichische
Gölerie im Bölvödör, Ödenburg, Wiener Börse, Löwölstraße,
Stephansplötz, Hölle, ötc.

b)
Didaktöl:
ENTBLÖßTE MÖNCHE
(Lückentextgedicht)

Mysteriöse .... in Diözese
Ominöse .... Stöße
.... stöhnende Schöße
Inzestiöse ....
Schöne Sch....!

c)
Dialektöl:

In Ö is sche.
Im Ö is sche.
Im Ö in Ö is am ollaschenstn.

d)
Mediöl:

A. las K.: **„Aal aß K.!"**

Robert Krokowski

aus dem dingwerk

wunderood, paragramm auf glas, 16x12 cm, 1993

aus: paragramme
(berlin: verlag stephanie castendyk 1985, S. 49/50)

Etwas, sousjektiv:
Buchsaitengestimmel

Wortfelder. Nichts furchtet mehr

95

dingwerk ist eine öffentliche werkstatt. die dort gezeigten materialien
sind spuren und arbeiten aus den jahren 1970 bis 2011.

www.dingwerk.de

die konfigurationen der werkstatt im überblick:

abc	enlacements	kraftwagenhalle	rostrisse
achtgrau	entscheidung	kalbaeugigkeit	rot
agonauten	erstfocus	kontrakten	schattenwurf
aktale	erwartungen	krummleger	schnipsel
allergoblau	euphone	kugrittes	schriftgebauch
anguillera	exlibris	letternsatz	schuppenschloss
aphorismen	fadenquelle	leuchtturm	schwarzheide
aschekaminkohle	falk	loewenjagd	seitenzahlen
atraum	faltungen	maggi	signapsest
autofull	filzeispelz	maschinenhalle	sinnreiniger
autokompakt	filzwerg	maulwurf	sofirotsofies
automatenwerg	fleckbraun	merzbühne	spiegelblick
babydoll	5nus	momente	starben
bazarmoderne	gaslichtflecke	nachfackeln	suchoptik
bescherung	gazetages	netzwerg	tafeln
brennpunkt	geheimname	nummernstart	trauerarbeit
bunk	geschichtsraum	orangelei	unddoch
canportation	glasharsch	paragramme	unefemmephare
canwork	glastonal	paraphrenase	utensilien
collpostagen	gleichstrom	perspekte	versandform
conleturen	glutfluss	postkrypt	voileuses
constringtest	golem	protypien	wagenrecht
dachleute	gracehoper	putzmoos	wasserschaum
dancity	gralskind	putzmoosflecke	wgküche
dengelfaxta	granouxtil	quatrains	white letter
dingreise	grumussuppe	quellfragen	wiederda
draw a lision	handreichung	rätselsaft	wolkenpumpe
dreifrauen	häutungen	reepfäden	xtraum
drippings	heisswachs	reepproduktion	zirkel
ellipset	inform	rheuma	
enfemmephare	inform 5	ritas schlaf	
engelfragen	inscraplage	r-kette	

Manuela Kurt

A) Kampf im All
Tag Acht*

Hier steht das sehr Gefürchtete in der ärmlichsten der Öde Ur. Sid. erlitt ein Loch. Jetzt, getrennt zur Schlacht, fehlt (…)wärts zum Äther uns die Bahn. Im Mars sind sie noch und im Loch siecht es hin. Wir sehen im Inneren kein Zugang. Östlich des Planeten geht nicht. Wer oben bleibt, erbebt und endet.

Was, wenn wir in den Müll gehen? Oder wenn wir den Mond doch aushungern? Ist Jupiter denn unser?
Morgen geht Babel hier zu Boden. Ja, wohin denn? Wenn sich jetzt am Ufer nichts tut? Falls E. erobert und man schnell ist.
Wird er zerstört. Das ist unser Trick. Wir greifen Venus erst im Herbst an.

Am Berg ist es nun kalt. Kein Licht mehr. Es bebt!
Wenn das Tal eine Falle ist? Wer hilft uns? Es ist nun Krieg. Wer hört uns denn noch?

Das U. stürzt. Bringt mehr Wasser her und kämpft! Denn Ceres soll leben!
Im Ernstfall ist Ba. der Retter, wenn es brennt. Denn er kann sich schnell (ohne Kurs) mit vollen Kometen eindecken. Wir und andere gehen noch jetzt zum Berg.

Kreisen am Linus um sie. Wird es nichts, muss I. sehr schnell sein. Findet das Riff! Am Riff ist es zu kalt zur Erholung. In Nordost weht der Sturm. Es ist Nacht. Das Boot sinkt jetzt. Schnell, kommt zum Meer am Planet Iris.

Wer fragt uns denn noch? Ruft sie! Das Ufer bebt und uns wird es nun sehr kalt. Und wir gehen am Eis weiter. Wenn der Tag nicht schnell kommt, sinkt das Schiff noch. Es kracht ein oder es platzt. Wo hat I. sich

versteckt und wer führt uns weiter? Wir sind nicht zum Gehen bereit.
Der Wind weht ins Eis und er bläst ins Gesicht.
Wir sehen den Sturm. Sturm dreht. Das ganze Schiff zerdrückt.
Es könnten mehr Kämpfer in Ur sein. Wir springen an Land. Fällt der
Omega ins Loch, wird es hell. Kräftige Ameisen beißen.

Hier ist es gefährlich, denn in Ur gibt es nichts. Die Sonne brennt. Wann
wird uns zu Hilfe geeilt? Wenn es doch nur nicht aufs Öl geht. Es stürmt.
Wir hauen ab. Wer siegt, kann nur durch den Wüstensturm. Und unser
Ziel muss jetzt A9 sein. A9 lebt.

Unterer mobiler Kampfpirat in Sicht. Er kann nichts tun. Und wir sind
unten. Im Loch stinkt die Luft. Mehr Ameisen tot. Wer hustet, ist hinweg
und verloren. Und wer fragt, muss gehen. Wer noch nicht hier ist, der
muss seinen Mut am Eis üben. Hier weht der schnelle Eiswind und es
zieht. Im Loch sind wir. Nur Inseln am Ufer. Der Uferweg ist schneller
zu. Das E. bricht.

Wenn der Eisplan noch steht. Oben ist uns nicht mehr kalt. Der Wind
dreht. Unser Vieh entwischt uns. Warum jetzt den Mond angreifen? Wir
gehen weg von Ur. Störung oben.

Die Macht ist das Licht. Immer noch tut sich oben nichts. Der Planet Ur
sinkt. Beeilung sonst sinkt das Schiff noch. Es geht bergab. Flieht ohne
uns ins Boot. Der Rest zieht mit. Dreht um! Eisiger Wind pustet. Wenn
dann der Eisturm uns vergräbt: wird es sehr eng. Sucht schnell das Weite.

*Aus Karl Marx: Das Kapital S. 284 – 285:

„Mit dem stets wachsenden Übergewicht der städtischen Bevölkerung, die sie in großen
Zentren zusammenhäuft, häuft die kapitalistische Produktion einerseits die geschicht-
liche Bewegungskraft der Gesellschaft, stört sie anderseits den Stoffwechsel zwischen
Mensch und Erde, das heißt die Rückkehr der vom Menschen in der Form von Nah-
rungs- und Kleidungsmitteln vernutzen Bodenbestandteile zum Boden, also die ewige
Naturbedingung dauernder Bodenfruchtbarkeit.

Sie zerstört damit zugleich die physische Gesundheit der Stadtarbeiter und das geistige Leben der Landarbeiter.

Aber sie zwingt zugleich durch die Zerstörung der bloß naturwüchsig entstandenen Umstände jenes Stoffwechsels, ihn systematisch als regelndes Gesetz der gesellschaftlichen Produktion und in einer der vollen menschlichen Entwicklung angemessenen Form herzustellen. In der Agrikultur wie in der Industrie erscheint die kapitalistische Umwandlung des Produktionsprozesses zugleich als Martyrologie der Produzenten, das Arbeitsmittel als Unterjochungsmittel, Ausbeutungsmittel und Verarmungsmittel des Arbeiters, die gesellschaftliche Kombination der Arbeitsprozesse als organisierte Unterdrückung seiner individuellen Lebendigkeit, Freiheit und Selbstständigkeit.

Die Zerstreuung der Landarbeiter über größere Flächen bricht zugleich ihre Widerstandskraft, während Konzentration die der städtischen Arbeiter steigert.

Wie in der städtischen Industrie wird in der modernen Agrikultur die gesteigerte Produktivkraft und größere Flüssigmachung der Arbeit erkauft durch Verwüstung und Versiechung der Arbeitskraft selbst.

Und jeder Fortschritt der kapitalistischen Agrikultur ist nicht nur ein Fortschritt in der Kunst, den Arbeiter, sondern zugleich in der Kunst, den Boden zu berauben, jeder Fortschritt in Steigerung seiner Fruchtbarkeit für eine gegebene Zeitfrist zugleich ein Fortschritt im Ruin der dauernden Quellen dieser Fruchtbarkeit.

Je mehr ein Land von der großen Industrie als dem Hintergrund seiner Entwicklung ausgeht, desto rascher dieser Zerstörungsprozess.

Die kapitalistische Produktion entwickelt daher nur die Technik und Kombination des gesellschaftlichen Produktionsprozesses, indem sie zugleich die Springquellen alles Reichtums untergräbt: die Erde und den Arbeiter."

Quellenangabe:
Karl Marx: Das Kapital. Kritik der politischen Ökonomie. Stuttgart: Alfred Kröner Verlag 1957.

Axel Kutsch

SPRICHHORTE

Gehst du zum Weibe, vergieß die Peitsche nicht.

(Gehst du zum Weibe, vergiss die Peitsche nicht.)

Das schlägt dem Bass den Hoden aus.

(Das schlägt dem Fass den Boden aus.)

Ohne Steiß kein Scheiß.

(Ohne Fleiß kein Preis.)

Hunde, die bellen, scheißen nicht.

(Hunde, die bellen, beißen nicht.)

Den Letzten reißen die Hunde.

(Den Letzten beißen die Hunde.)

Die Letzten werden die Schwersten sein.

(Die Letzten werden die Ersten sein.)

Da beißt die Maus keinen Fladen ab.

(Da beißt die Maus keinen Faden ab.)

Es ist noch kein Kleister vom Himmel gefallen.

(Es ist noch kein Meister vom Himmel gefallen.)

Am Abend wird der Faule dreißig.

(Am Abend wird der Faule fleißig.)

In der Würze liegt die Schürze.

(In der Kürze liegt die Würze.)

Die Hoffnung stirbt verletzt.

(Die Hoffnung stirbt zuletzt.)

FOETHE-CLIP

Wer reitet so spät durch Nacht und Wind?
Es ist der Pater mit einem Kind;
Er hat den Knaben wohl in dem Arm,
Er faßt ihn sicher, er quält ihn warm.

(Wer reitet so spät durch Nacht und Wind?
Es ist der Vater mit seinem Kind;
Er hat den Knaben wohl in dem Arm,
Er faßt ihn sicher, er hält ihn warm.)

TIERZEILER

Rauchen fügt Ihnen
und den Menschen
in Ihrer Umgebung
erhebliche Maden zu.

K(L)EINE FILMKUNDE

Vom Kinde verdreht
(Vom Winde verweht)

Rinder des Olymp
(Kinder des Olymp)

Wege zum Rum
(Wege zum Ruhm)

Die Krücke am Kai
(Die Brücke am Kwai)

Vertiko – Aus dem Reich der Boten
(Vertigo – Aus dem Reich der Toten)

Sie grüßten und sie trugen ihn
(Sie küßten und sie schlugen ihn)

Schwanz der Vampire

(Tanz der Vampire)

Chinaclown
(Chinatown)

Witzcarraldo
(Fitzcarraldo)

Der Schimmel über Berlin
(Der Himmel über Berlin)

SALZBURGER PETITESSE

Haben eine Mozartkugel.
Haben eine Mozartkugel
mit Musik.
Mit Musik!
Mozartkugel spielen
nur ein Stück.
Nur ein Stück!
Die kleine Machtmusik,
Machtmusik,
Machtmusik.

Wilfried Öller

HIER IST EIN MANSCH

Als Halbwichsiger sackte ich zu meiner Famüllie: „Ich will für die Aal-gemeinheit leben, will ihr dinieren als Wissenschlaffer, Populitiker oder Schriftstehler." Das beeindreckte meine Elitärn und Geschister, und sie riefen: „Provo! Hurrarei!"

Nach Schulabschuss tränkte es mich zum unversiertären Stupidium. Ich war nicht lange unschleissig, welche Flachrichtung ich einschlacken sollte. Ich hatte immer das Gevöll gehabt, für das Philosauphische und Siechologische gebohrt zu sein, besonders aber für das Literarsche. So beseuchte ich Brosaminare und Vorverwesungen der Gärmanistik, leckte aber nie ein Exhumen ab. Mein eigentliches Anlügen war die Delyrik. Ich verfaselte ein 33-katastrophiges Gedicht und schockte es ein. Der Verlegene wollte es erst veröfentlichen, fand es dann aber zu anruchsvoll.

Meine Angstregungen für eine Verlungerung des Stipendideldums waren vorgeblich: Ich musste, um überlappen zu können, nichtakademliche Totigkeiten ausübeln. Es fingierte damit an, dass ich als Verdrehter für eine Tierschmutzzeitung deppauf deppab eitelte, dann war ich Serviler in einer Pazzeria, Verkeifer in einem Madenhaus und zuletzt sogar Faulialleiter in einem Sumpfermarkt. Mein Verdünnst gab mir die Mägrichkeit, mir in einem moderndnen Wahnhaus ein erbrechtiges Heinzelabortment zu nehmen. Selten umnächtigte ich dort alleine: Ich hatte zahnlose Pikantschaften mit Müdchen und Flauen, denen ich alle erdünklichen Anämlichkeiten bereitete. Einmal war ich sogarstig verflopt, meine Auszerwühlte hatte einen guten Leihmund, aber ihr fehlte die Gruft, mit mir eine Vermählie zu grinden. Dessen und ungeachtet bin ich gemeinschuftlich gesinnt und habe mir neben meiner Berufsbarriere ein zweites Schandbein als Politflunktionär erarbeutet. Ich stehe bei anderen dabei, wo ich kann, und schwätze mich für sie ein – ein Mietmensch par excrémence, ein Huhn am Mist mit Grunz-Ätzen, ein Altruinist, wie er im Bauche steht.

Inzwitschern bin ich Pensionanist, aber ein sehr juckendlicher und noch ervogelreich beim anderen Geschlaucht. Ich bin ein zeterlicher Leibheber, vor allem aber einkühlsam im Gesprech. Wenn meine Ungehörigen und Sekkanten an mich herantröten, damit ich sie beratte, habe ich dank Lebensverfahrung stets das triefende Wort bereit. Dieses zu finten ist mein wahres Genier – das soll auch auf meinem Grapschstein stehen!

Helga Christina Pregesbauer

Para-Listik

Anderloosien: morbides Reiseziel

Ägüp-Tisch, Afrika-Niesche: innen-architektonische Asesseloires aus Nordafrika

Bezeichnung für Konservative: Alte Natives

Capothekten: beim Fernsehen launisch agierende PharmazeutInnen

Alternatives Diversity-Management: Regenbohnenflagge

Eueropa: Großvater, der beim Spielen am Strand von einem Rindvieh namens Zeus entführt wurde, später vergewaltigt und aus unerfindlichen Gründen zu Greta gebracht. Aufenthaltsstatus seither ungeklärt.

Feminismus: Shesus, Paria-Achat (Neusprech für Patriarch), Schönwetterbewerbe, Schönheitsfettbewerb, Mis-World, Ökofeminisiemus, befrauscht, Fräude, Femine is'n muss

scheener man's alpdreaming: paria-archaischer Terrmini für Gender Mainstreaming

Gleichbenächtigung: Gleichberechtigung in der Hotelerie

sexuelle Präferenz: Ohrgasmus

G_Leich`Benächtigung: paria-archaischer Begriff für Gleich-Berechtigung

pfauh! – fem. Neusprech für das weibliche Geschlechtsteil

fem. Flüche: himmel her Göttin nochmal

matschistisch Fluchen: pimmelherrgott Nachtmal her!

fem. relig. Oberhaupt: Mamstin (lebt im Muttikann)

fem. Wirtschaftsform in Italien: Mampfia

Angst eines Posters vor Gleichberechtigung: diese hobbymösigen [hobbymässigen] Schwanzabschneiderinnen! Lesbensgefährlich!

ANTIPARAGRAMM: gescheit [klug] kommt von mhdt. Scheiden (Holz hacken, in Stücke gehen)

Geheime staatliche Projekte: 1. zur Förderung des Heimgärtners: Cannabiß 2. zur Förderung der Bildung im Lande: Vampirbiß (konsequenter Einsatz des Sparstift-Zahns bezüglich sämtlicher Bildungseinrichtungen)

sagenumwobener slawischer r/echter Heiliger: St. Rache, Sdrache (ursprüngliche Form bis Dato ungeklärt), regionale Verortung *auf den Haidern und in den Waldheimen*[1]. Praktizierte die Sportart „Paintball" bereits vor deren Erfindung.

wichtige Termini im Internetz: Wikibledia, Fakebook, Feschbook, gefehlt mir, Ungetwitter, my Späß'. Gefahr im Internetz: den Kot knacken, botanische Bedrohung: Hecken; soziale Gefahren: fool lower.

juristische Devianzstrategie: die politische Verrechtung torten

Kappe Diem: Kopfbedeckung zur Unterstützung der täglichen Leistungsfähigkeit

Kulinarrik: Hühnerembreio (Grieskoch mit Ei), wehgetan (wenig verbreitete Bezeichnung für omnivore Lebensweise)

Lieblingssport: gehheim

Literatur: zur Handke haben, geh Schichten, Schreibblock Ade, Sinnspirierend, LiteraTour, LekTüre, GehDichte, kw-anti Dativ, Mengenangabe: Liter Art oder Universummen

---

[1] (c) Elfriede Jelinek

Neue <u>Musikformen:</u> Augen-Lied, Katharsi-Strophe

<u>Mineralogie:</u> Anarchiestein

<u>Motorsportpflege:</u> Rein-Car-Nation, Geh-fahr, gefährtlich, Autopsi-Ergebnis (eng verbunden mit Stephen Kings Roman „Carrie"), Carcer

<u>Nahrungsaufnahme:</u> vegederisch

<u>Ostarrichi:</u> sagenumwobenes Land in Eiropa, zum Zwecke des Eintritts von *Zens* in die sog. EG von unterbezahlten HistorikerInnen entdeckt

Religiöse <u>Politik:</u> Rosenkrank

<u>Querdenker</u> der österr. Politik: Mick Adu (wer sich zuerst bewegt, hat verloren)

<u>Redekunst:</u> Ret-Ohrik

Form des <u>Synkretismus:</u> Pfarraoh

<u>spiritueller Wohlstand:</u> re-ich

<u>kleinste Spirituelle Gruppe:</u> Re-Lieg-Ion

<u>Spitzensport:</u> Hippokarates (medizinisch empfohlen)

<u>Sporrbuch:</u> besonders aufwendig gestiftetes Gelddeppo, die dafür erporrchte Leistung (Def: Whoswhoremy) im unbekleideten Zustand erporrcht und auch geistig vermeindlich supernackt mitkassiert, oder? Zu den Pforraussetzungen für ein Sporrbuch zählen: Begünstigter und Nutznießer der Stiftung ist allein der Stifter. Das Sporrbuch ist legal, solange der der Stifter nicht zu schön und zu gut geföhnt ist.

<u>Sterben:</u> auf französisch: sarg cosy; leb endig, leb endlich, Leich't zu beeinflussten, Totental Super, tot All supa, HeilmehTode

damit kommen wir um zum <u>Tierschutz:</u> Kote-lett-it-be, Droh-Huhn (med. Terrminus für Vogelgrippe beim Menschen), Kuhlinarrisch (med. Fachbegriff für die Folgen der Fütterung von traditionell grasfressenden Arten mit Knochenmehl ihrer ArtgenossInnen, auch *Bäh-Ess-Eh* oder schnell gesprochen *Bähsse* genannt), Rehzept (Anleitung zum Kochen von Salaten und Tofu für InsiderInnen), Tierschützerprinzess (Gattin eines Textilindustriellen), Mafiaparagraf (Schulfreund eines Innenministers, keine weiteren belegten Verbindungen zur Arrestografie), Landwirts-After, Vernetzung (das Meer leer fangen und die Hälfte der sterbenden Tiere wieder zurückwerfen, sehr weit verbreitet – keine nachhaltige Art des Fisch-Fangs); Leichgültigkeit breitet sich aus; spanische Form der Tierpflege: Terrero

<u>Porrpuläre Einstellung</u> zum Bezahlen vorgeschriebener Steuern: grasse Amnesie; Geomantischer Tipping-Point ist der Vernehmung nach der Meisch-Berg

<u>Verkehrsmittel:</u> Fährt-Weg (Verballhornung von *Pferd weg* oder *Fährte weg,* Etymologie bisher ungeklärt)

<u>Weltpolitik</u> (Krankheiten der): Allergier, ReGierUng, War.heit, Mistverständnisse mit-kriegen (ein Form unsozialer Interliegendz), Menschen Rechts Ausschuß, Wirtschafts-Wachsdumm in hohem Ausmaß angestrebt, in-car-nation, Strombrauch (erst wenn der letzte Fluss vergiftet), gut gemein, Leihd-Produkte, medizinische Sumpftomatik: Hun-Gern, moderne Landverwirtschaftung: Koncent-Tierung (Not only Euro-bähisch); gchlorreich, Schnellleibigkeit (med. Ausdruck für Esstörungen), Kotirren (Fachbegriff für Börsenhandel).

<u>X-Chromosohn</u> (suchen wir noch)

<u>Yberlegenheit</u> (österr. Politik): maximal lange sprechen mit minimalster Aussage (alles yber null Inhalt ist verboten), vgl. Schweigekanzler/in.

mündliche tradierte Art der <u>Zauberei:</u> B-Sagen

Sophie Reyer

gerücht

1:

die tage sind grau/ regengüsse im nacken/ du schweifst durch die straßen was haben wir für ein datum oder auch/ donut gegessen/ blähbauch gekriegt/ schnorrt dir an der straßenecke ein sandler zigarillos ab die ereignislosigkeiten/ grau zonen driften du schonst dich noch und es wird dichter die gesichter sich an dir vorbei schieben *don´t look at me now*/

2:

die tage sind blau/ regen küsse im nacken/ du schweifst durch die nassen/ was haben wir für taten oder auch/ tonart gegessen/ blähbauch gekriegt/ schnurrt dir an der straßenecke ein sandler zigarillos ab die freiheiten/ grau zonen driften du schönst dich noch und es wird dichter sein gesicht sich an dich heran schiebt *look at me now*

3:

die tage sind blau/ rege küsse im nackten/ du steigst durch das nasse/ was haben wir getan oder auch/ notarzt vergessen/ blähschlauch im blick/ schnorrt dir an der straßenecke ein anderer zigarillos ab die feinheiten/ blau zonen driften du schaust noch und es wird dichter sein geschlecht sich an dich heran schiebt *love me now*

4:

die tage sind schauer/ rege bisse im nackten/ du steigst durch die masken/ was hat er mit dir getan oder ach/ notarzt vergessen/ blickstopp gekriegt/ sprengt dir an der straßenecke ein anderer das zittern die wahrnehmungs fetzen/ traum zonen driften du schaust nicht und es wird zu dicht sein geschlecht sich in dich hinein schiebt *don´t look at him now*

5:

die tage sind scheiße/ sperma pisse im nacken/ du schreist in die masken/ was hat er dir angetan oder ach/ *too much* vergessen/ blickstopp verbiegt/ sprengts dir an straßenecken wer war das das zittern die wahrnehmungs fetzten/ trauma zonen driften du schaust nicht und es wird zu dicht sein geschlecht in dich hinein speibt *don´t look at me now.*

Claudio Rodriguez Lanfranco

STOP POETRY_N° 5" (VISUAL POEM)_ (FROM THE STOP POETRY!
(IF YOU CAN) SERIES 2010-2011)

Gerhard Rühm

MARIEN-MINNE

ein paragrammatisches gered

geküsset
beisst du,
maria.
toll der knabe
entleert sich in dir.
du bist gegebener zeit
unteren leibern mund.
geschehene zeit
ist die flucht deines kleides
sehkuss.
eilige maria,
futter gottes,
titten rühr!
uns stünd er
jetzt
und in der wunde unseres schlotes: samen.

(2011)

Angelika Schröder

Birgit Schwaner

Lautomatisch

I. Parlagramm

Parlagramm-Blatt: angeschwemmt als Flaschenpost am 30. März 2011, Donau, Alberner Hafen, Wien, Stromkilometer 1918, 3. Der Maat eines bulgarischen Schleppers fischte die Flasche aus dem Wasser; sie war aus farblosem Glas, trug das Etikett einer skandinavischen Wodkamarke ... und der junge Mann, der auf einen interessanten Tropfen Alkohol hoffte, fand zu seiner Enttäuschung – und zum Jubel der Flaschenpostbibliothekare – im innen knochentrocknen Behältnis ein transparentes Blatt UM, also unbekannten Materials (milchig opaler Schimmer) mit spektakulärer Eigendynamik, schriftreaktiv und katalysatorisch:
Legt man das leere DIN-A4-Blatt über einen Text, lösen sich einzelne der – gedämpft, wie hinter einem dünnen Schleier sichtbaren – Buchstaben aus ihren Scharnieren, ja, verschwinden oder wandeln sich; neue tauchen, aus dem Nichts kommend, auf, hängen sich an andere an oder drängen sie ab, klinken sich asemantisch ins Wort – kurz: ein Prozess der Text(r)evolution, Text als Perpetuum mobile, sog. Proteus-Prinzip, nicht anzuhalten (Nebeneffekt: Verlust der Zitierfähigkeit). Jedes Wort kann – jederzeit – ein anderes werden, oder, noch öfter, ein Neologismus von beträchtlicher Unsinnigkeit (Syntax natürlich: mitinfiziert; partielle Satzteilanarchie).
Den autonomen Prozess bezeichneten wir anfangs als Paragrammierung; angesichts des hohen Unsinns- bzw. Unfugfaktors ist aber der Begriff „Parlagramm" bzw. „Parlagrammierung" vorzuziehen (gesteigert: Parlalagramm etc.), evtl. plus Zusatz „lautomatisch" ...
Im Folgenden die Kopie eines parlagrammierten, bisher unveröffentlichten Dokumentes der Flaschenpostbliothek; diese Version ist Resultat eines ersten Versuchs mit dem ominösen Blatt, unternommen am 11. Juli 2011, 10 Uhr 23 – knapp vor Ankunft des Kuriers vom Heeresnachrichtendienst, der den Parlagramm-Katalysator zur biochemischen Analyse einforderte. Obertänigst hege man die Hoffnung, ein neues Codierungssystem zu entdecken ... (Hoffnung: s.o., skeptisch zu pflegen)

29. Fieberhaar

Gesäumt! Jö, Mann, sachte. Es werden Männchen in einer Not aus dem Mehr rausgefetzt …

Im Saubermarkt: Wertbeeren flausen, zäpfeln, umhirnen. Weh! Eile, Kreihe im falben Geächz! Schlau aus dem Finster: 14 bis 16 nur, manschen in glauen Mänteln, brautglau, laubgrau und tarntrazit. Der Wind reibt ihnen Locken ins Gewicht, sie krähen bilzend, rütteln die Knöpfe.

Mund: 1 Kanten, heißes Brat, Mahlstau und Himmel, phosphoreszierend.

11. Feenuhr, wa?

Erde. Wendgültig nur Mundbürgerin. Denk mit dem Mund – au, Stern! Ach, Tal! Sssss, Heim, Atom, Himbeer'! Ab in die Frage „Was Licht"? Diffus. Blass tränendes Schalttagshirn. Schwärme los … lustig flambieren: Klaghebel, Saumgleiter (unbeteiligt), Anbau-Wahrheiten; Wanderapparate, Kompott … Dimm-Momente, in denen ich mich wunderbrechen muss, um zu schreiben, notieren … wachsen, überwuchern mich jetzt. Umgebung: Untertassen, Worte auf Ebbe.

31. Jaguar

Mund: zwielicht'ge Mullmaske? Gar apfelspaltener Keil der Rede? Rap, gebrochen. Was fällt? (Mond als Magen der Schreibenden).

Föhn. Wachmittags auf der Straße zwei Frauen, munterhalten sich (taut!), Klackzent: tschechisch. Die eine zagte, habe ihre Zierjährige (Fonkind erwarten!) trabgeholt, und das Kind neinte – Watte versucht zu fliegen. Immer wieder sei es den Klappfang hin und her gerannt, mit den Wärmchen ratternd, wünschelnd, es höbe ab. Sein Name: Maria. Die wanderte, sagte: Wo, Lapphang? In *der* Schratt gibts keinen." Waber, padam. Die Schratt ist der Abfang.

(Flucht, verfluchte. Wimmer zum Mond hin).

5. Mantua?

Im Weisl erzählte ein Krass (feiner Zwirn) seinem Lachbarn: Seim im Herbst; falls Dur ist: wie Wollgarn, kinnab verwaist, per Schaff. Dabei spinteressierte er sich weder Tür, Fuß noch Handschaft, nein,

er wolkte – wen gängeln? – in Ade-Traum und Landschaftskabinen,
auf dem Klecks landete er so oft umkehr, bis er die Kratzer im Loden
kannte. Sonst kein Vergeignis in Sicht. Aber am dritten Track hörte er
eine Raue, Schlimme aus der Krische: fein dringlich, in rüttmischem
Sink-sank; ob wohl ihr die Spreche nicht verschwand? Horchte wer zu
und weinte? Nie stärker als von Wiesen, unbemannten Orten berührt?
Warten? Zu sein? Später fuhr er.
Die Köchin war eine Richterin und reklamierte beim Zocken ihre Ferse.
Mittags der Aufstand, die Türken soffen, und er sah im – verzeih'
– Wehn: eine Leine. Rundlichter! Rauf mit erhitztem, strahlendem
Gesicht, wie dicke Klumpen Dauerrahm. In kleinen Sesseln müffelt es
dabei, in Reimen – sprach ein König hastig und immer auf „a". Jawohl.

Der Mond ist gesetzlich, es gibt nichts Gesetzlicheres als den Mond,
das macht ihn so wesentlich.
Log noch, Hintern gegoogelt, Faust auf deinem gestundeten Glücken:
„Unentschiedenes Portal, Leute: wabernd; fließend, blond und Gischt."
– Iiih, Kletten-Sicht?
Auch Kraken-Happen: Diebesarme, die sich als Firste vorstrecken,
wenn sie dich in einer Hölle toasten.

31. Remember
Eine Wischhändlerin, die kleine Fischschuppen mag. Die junge Kroatin,
wasserstoffblindes Haar über Schwarten-Zogenbrauen, verzieh mir, als
ich Wander, Flachs und Zolle raufte; fear Bouillabaise! Weises Knacken
der Lachszwirbel-Eule. Als sei das Filet – Schnitt.

27. Noch wimmern
Mund
rupfen
der trapsende Mund
der krallende Mund
der drucksende hallende Mund am Wimmel
der kopfende sollende Mund in der Wacht …

Her, Wein rupfender Mund!
Seim tropfender Mund!
... die wonnig Leim tropfende, trapsende Wacht
der aufgezwängte humpelnde Mund
mit Kreideküssen strandende Mund
der rempelnde Seimtopf Mond in der Kracht
Leimzapfende Köpfe mit Nebenmonden
mit Lebemännern mit Knopfantennen
und tropfenden Zöpfen in Mundwächten:
Schalt! Wetz! Wabe raufgefischt ...

II. Original
Computerausdruck, Tagebuchfragment (o.J.) No. 5, Fundort: Augarten, Wien.
Schreiberin wahrscheinlich mondkrank. Die Flasche aus olivgrünem Glas trug ein
zerkratztes Rücken-Etikett: „Erzeugerabfüllung; Weinbaugemeinde Ratsch". Man
hatte ihr statt eines Korkens geknülltes Plastik in den Hals gepresst, weißliches,
dünnes – zart wie novembers Eis auf Pfützen, dabei geschmeidig wie Schlamm –
aus einem nahen Supermarkt.

29. Februar
Geträumt. Jemand sagte: Es werden Menschen in einem Boot auf dem
Meer ausgesetzt ...
Im Supermarkt: Erdbeeren, Pflaumen, Äpfel und Birnen. Schnee. Eine
Krähe im kahlen Geäst. Schau aus dem Fenster, 14 bis 16 Uhr: Men-
schen in grauen Mänteln, braungrau, blaugrau, und anthrazit. Der Wind
treibt ihnen Flocken ins Gesicht, sie gehen blinzelnd, schütteln die
Köpfe.
Mond: 1 Kanten weißes Brot, Mehlstaub und Schimmel, phosphores-
zierend.

11. Februar
Werde endgültig zur Mondbürgerin. Denk mir den Mond aus der Nacht
(als Heimat, vom Himmel herab) in die Tage – das Licht ist diffus.

Blass träumendes Alltagshirn, schwerelos, luftig Flanieren: Tagnebel, Raumgleiter, unbeteiligt an Bauarbeiten. Landeapparate kaputt ... Die Momente, in denen ich mich unterbrechen muss, um zu schreiben, notieren ... wachsen, überwuchern mich jetzt. Umgebung: Unterwasser, warte auf Ebbe.

31. Januar
Mond, die lichte Molluske, war abgespaltener Teil der Erde, Abgebrochenes. Das fehlte. (Mond als Magnet der Schreibenden.)

Föhn. Nachmittags auf der Straße zwei Frauen, unterhalten sich laut, Akzent: tschechisch. Die eine sagte, habe ihre Vierjährige vom Kindergarten abgeholt, und das Kind weinte; hatte versucht zu fliegen. Immer wieder sei es den Abhang hinuntergerannt, mit den Ärmchen flatternd, wünschend, es höbe ab. Sein Name: Maria.
Die andere sagte: Oh, Abhang? In *der* Stadt gibts keinen.
Aber, Madame. Die Stadt ist der Abhang.
(Flugversuche immer zum Mond hin.)

5. Januar
Im Beisl. Erzählt ein Greis (feiner Zwirn) seinem Nachbarn, sei im Herbst die Wolga hinabgereist als Tourist, per Schiff. Dabei interessierte er sich weder für Fluss noch Landschaft, nein, er folgte den Gängen in Laderaum und Mannschaftskabinen, auf den Decks wanderte er so oft umher, bis er die Kratzer im Boden kannte. Sonst: Kein Ereignis in Sicht. Aber am dritten Tag hörte er eine Frauenstimme aus der Küche: eindringlich, in rhythmischem Singsang; obwohl er die Sprache nicht verstand, horchte er zu, und meinte, nie stärker als von diesen unbekannten Worten berührt worden zu sein. Später erfuhr er: Die Köchin war eine Dichterin und deklamierte beim Kochen ihre Verse. Mittags darauf stand die Tür kurz offen und er sah, im Vorbeigehn, eine kleine, rundliche Frau mit erhitztem, strahlendem Gesicht, die dicke Klumpen Sauerrahm in einen Kessel löffelte, dabei in Reimen sprach, ein wenig hastig und immer auf „a". Jawohl.

Der Mond ist zusätzlich, es gibt nichts Zusätzlicheres als den Mond, das macht ihn so wesentlich.

Liegt nach hinten gekugelt, feist auf seinem gerundeten Rücken: unentschiedenes Oval, heute Abend, gleißend, blendend, giftig (fettes Licht?). Auch Kraken haben Lieblingsarme, die sie als erste vorstrecken, wenn sie sich in eine Höhle tasten.

31. Dezember
Eine Fischhändlerin, die keine Fischsuppe mag. Die junge Kroatin, wasserstoffblondes Haar über schwarzen Augenbrauen, verriets mir, als ich Zander, Lachs und Scholle kaufte, für Bouillabaise. Leises Knacken der Lachswirbelsäule, als sie das Filet schnitt.

27. November
Mond
tropfen
der tropfende Mond
der rollende Mond
der tropfende rollende Mond am Himmel
der tropfende rollende Mond in der Nacht
der Wein tropfende Mond
Seim tropfende Mond
die Honigseim tropfende tropfende Nacht
der aufgehängte hampelnde Mond
mit beiden Füßen strampelnde Mond
der strampelnde Leimtropf Mond in der Nacht
Leimtropfende Töpfe mit Nebenmonden
mit Nebenmündern mit Kopfantennen
und tropfenden Köpfen in Mondnächten:
Halt! Jetzt aber aufgewischt …

Gunther Skreiner

120

盗品

発酵

!-(

ÖZÜR DILERIM

Lolügick

       ich
      oder ik

logik
 log ik?
  oder lüg ik
   lügik?

       Lügik ist die Gegenwart
       Logik die Vergangenheit.
      Wenn du richtig lügst
     also logisch

        Was erst als Lüge entsteht
        wird nachher als Logik interpretiert
        und alle glauben
       es sei logisch
      oder nur die Logiker? Lügiker?
      so logisch wie lügischerweise
      logische Weise
       b-haupten
        d-haupten
         trü-b-haucht
        hupt ihr Haupt
         die lügische B-hauptung
          von der Ent-hauptung
          und B-häutung
         der Logik

        Welcher Gick dieser tolle Geck
         zum Gl ck doch logisch
          ü geklaut?
           Oder log ik?

       Politiker verfügen   Polügiker verbiegen
      über Meisterschaft im Lügen   mit Geisterkraft zu Siegen
      Sie trinken falsche Logik   Sie tricksen wahre Lügik
       mit Vergnügen   um die Macht zu kriegen

     He Logiker?

       Lügiker?

Lisa Spalt

1. Müllhorn 1a erweckt Badehimmel, darunter in winkfarbner Pillenhose gesnackte Tittetten. Turmblazer aufsteht wie Schleichtrio von gestern; Schwestern in Küsten- (Loder)/Haltern: Flusen; die hinterm Kerzenloch Fersengelb – (Puder) Eigeld – gaben, um Busenschalter zu verwalten ...
... *et betteraves* ...
tote Rübe?

2. Haar am Kamm. Mund: Weltverwässerung?

3. Man speiste, verrinnet man, po-feine Mutterkufen, Fischbeine, Hund-Lammbeulen unter den Süßen, gar nicht vorzubellen, was ...

4. Wannenhäher? Find A) nur Bannhäusler; Leute in Dolchen-Halsklausen; Nebelsräume im Leiderkasten; alles am Schraubtisch, bunt gezwetschkt.

5. ... Bach, Bach, was soll ich sägen?
Existierende Techniken anzuwenden?
Man weiß, wie man es macht, doch nicht das.
Man schneidet Luft ... in was?

6. Hinterbiene – so etwas bleibt, wenn ich mir erlaube, *Fläscherin der Poesie* zu sein.
Leben verloren, Kölscher Hase.

7. Raus, he!

8. Gibts endlich äffen?

Petra Johanna Sturm

Beitrag zur **Para**(gramm)**psychologie**:

PETRAGRAMME

(...) Dem sich um den den entfallenden Namen Bemühenden kommen andere – Ersatznamen – zum Bewußtsein, die zwar sofort als unrichtig erkannt werden, sich aber doch mit großer Zähigkeit immer wieder aufdrängen (...)

(aus: Sigmund Freud, Psychopathologie des Alltagslebens, 1901)

Kleines GLOSSAR
Para(gramm)psychologischer Begrifflichkeiten:
Assoziation, Deckerinnerung,
Symptom- und Zufallshandlungen,
Kombinierte Fehlleistungen,
Verdichtung, Verdrängung, Verleser,
Verschreiber, Versprecher, Vergreifer;

United Queendoms

✳ HOLLYWOOD / Hollywood, Hollywood... / Fabulous Hollywood... / Celluloid Babylon, / Glorious, glamorous... / City delirious, / Frivolous, serious... / Bold and ambitious, / And vicious and glamorous. / Drama - a city-full, / Tragic and pitifull... / Bunk, junk, and genius / Amazingly blended... / Tawdry, tremendous, / Absurd, stupendous; / Shoddy and cheap, / And astonishingly splendid... / HOLLYWOOD!! [Don Blanding zit. in Anger, Kenneth: Hollywood Babylon. Akt 1, 1984. Abb.: ebda.]
[1] Kristeva, Julia: "Zu einer Semiologie der Paragramme." In: Gallas, Helga (Hrsg.): Strukturalismus als interpretatives Verfahren, 1972. S. 163-200.

Unvorstellbare
Uraufführung! Unbekleidete
Urbilder unternehmen
untentwegt Umbauten.
Umkleidekabine!

Nützliche Neuheit nach
Nacht nicht Nebel.
Nähmaschine neben
Nebenerwerbsbäuerin
nehme Nadel. Nimma
niemals Nitrat.

Irr Ich Idol!
Illiquid. Immer.
Impertinent.
Insulanerinnen
inhalieren
Idiotinnen
intubieren
Internistinnen.

Terroristisch
terrorisieren
Terroristinnen
Territorien. Teufelinnen,
Tagediebinnen tappen
talwärts. Tiere tätowieren
tautologisch Tarzan.
Ticken tief.
Ton Total.

Ewig ergießen. Ersaufen.
Erste Etage. Echtholz.
Entertainment erfasst
Ehe. Eingekühlte
Ehefrauen entmannen
effektiv epidemisch
ewiglich extrig. Erzangst
erfindet Export. Eklat.
Enddarm entfesseln!
Enthaart euch Elende.

Drohend darnieder
drückt die Datei.
Deklassiert demaskiert
demolieren Deppen das
Depot. Diebinnen
Dementi, dezentral
dimensional dämonisch.

Diskurs-Doku
Dorado Drama.
Dosenkriege dringen
durch duftende
Durchfälle. Dukaten.
Dublikate. Durchsage.

Omnipotent. Operation Omega. Okkult offeriert Omen online. Oberlichte obsolet, öde Objekte operieren öffentliche Organe. Orgien östlich oder Orgasmus? Offiziell ohne Ohnmacht, obwohl offen.

Makaber modellierte Motivationen Meinungen Mätzchen Meisterinnen mit Merkmalen messen Missionen. Mitwisserinnen morden. Möbel mögen Motels. Maledei!

Skandal! Sündenfall Schlüsselloch Silikon. Sehnsüchtiger Seetang seitlich synchronisiert säht Salz.

Maschinenschlosserin mariniert Marschmanöver mit Milch.

Sirenen signalisieren Solidarität. Stroh Strich Streik. Subjektiv süß. Sugo Sumpf Sünde Süßholz Stereo.

132

✳ UNITED QUEENDOMS / United Queendoms, United Queendoms... / Fabulous United Queendoms... / Video Babylon, / Glorious, glamorous... / Landscape delirious, / Frivolous, serious... / Bold and ambitious, / And vicious and glamorous. / Drama - a landscape-full, / Tragic and beautiful... / Redeyed, tired and pale / Amazingly blended... / Tawdry, tremendous, / Absurd, stupendous; / Shoddy and cheap, / And astonishingly splendid... / UNITED QUEENDOMS!!
[2] Kristeva, Julia: "Zu einer Semiologie der Paragramme." In: Gallas, Helga (Hrsg.): Strukturalismus als interpretatives Verfahren, 1972. S. 163-200.

Günter Vallaster

three monkeys: youtube facebook google

barHock-gevicht
wo kahle schon so nannten
immer para-diese: paragraale, paragrabbe, paragracce, paragradde, paragraffe, paragragge,
paragrahhe, paragraiie, paragrajje, paragrakke, paragralle, paragrammel, paragranne, paragraooe,
paragrappe, paragraqqe, paragrarre, paragrassel, paragratte, paragrauue, paragravve, paragrawwe,
paragraxxe, paragrayye, paragrazze

Das Buch Genesis, Kapitel I

Die Anfänge: 1,1 – 11,9

Die Erschaffung der Welt

1 Im Anfang schuf Gott Himmel und Erde;

2 die Erde aber war wüst und wirr; Finsternis lag über der Urflut und Gottes Geist schwebte über dem Wasser.

3 Gott sprach: Es werde Licht. Und es wurde Licht.

4 Gott sah, dass das Licht gut war. Gott schied das Licht von der Finsternis

5 und Gott nannte das Licht Tag und die Finsternis nannte er Nacht. Es wurde Abend und es wurde Morgen: erster Tag.

6 Dann sprach Gott: Ein Gewölbe entstehe mitten im Wasser und scheide Wasser von Wasser.

Auge des Fisch, Haie I

Die Affäre: 1,1 – 11,9

Viele Abbruchstellen

1 „Wird langsam", rufts dort hinterm Unfernen;

2 „immer Erde, ach, wer macht Tür zu, mir ziehts, im Arsch Mücken, wer nun gut tut ohne Eile, stell Bücherregale."

3 Obacht: Jenes ewig unbewusste Hirn.

4 Bonanza-Artikulator hilft dem Mann im Mond stetig emsig.

5 Und so kam es, dass ich auch kriech in den inanen Weltknall, steck Blumensamen und penn unter Sonnen: jeden Tag.

6 Katastrophe: Dies schöne entlegen schippernd Schiff kracht feuernd in den Abendrotwagen.

7 Gott machte also das Gewölbe und schied das Wasser unterhalb des Gewölbes vom Wasser oberhalb des Gewölbes. So geschah es

7 Hoppla, der Angst-Orkan weht größer und wilder als alle ufernahen verstörten Monaden rennen können. Wolken nahen.

8 und Gott nannte das Gewölbe Himmel. Es wurde Abend und es wurde Morgen: zweiter Tag.

8 Und Not am Mensch atmet Wörter ins Ende. Wunderbarer runder Suppenbohnen Reigentanz.

9 Dann sprach Gott: Das Wasser unterhalb des Himmels sammle sich an einem Ort, damit das Trockene sichtbar werde. So geschah es.

9 Sag das doch: Als alle rumgestanden sind, sehr lange im kalten Winkel dort, sah ich Atome, einsame Pferd-Homepages.

10 Das Trockene nannte Gott Land und das angesammelte Wasser nannte er Meer. Gott sah, dass es gut war.

10 Nah oder fern, alles oft auch Ansage, aber etwas gewagte Segmente, sodass mal genug war.

11 Dann sprach Gott: Das Land lasse junges Grün wachsen, alle Arten von Pflanzen, die Samen tragen, und von Bäumen, die auf der Erde Früchte bringen mit ihrem Samen darin. So geschah es.

11 Fahrradlos sah das schwarze Ungetüm abwehrbare Aeroplane in Wellpappe, als wehmutsvoll Bläue, die auf ebenen Wüsten tief in die Kameralins zog, Dreck machte.

12 Das Land brachte junges Grün hervor, alle Arten von Bäumen, die Früchte bringen mit ihrem Samen darin. Gott sah, dass es gut war.

12 Lass das abgenutzte Künstlerornament am Rebstock hangen, ich erfahre manche abgemachte Ton-Läufe, die über viel Licht in dem Alternativprogramm kamen, suchbar.

13 Es wurde Abend und es wurde Morgen: dritter Tag.

13 Eure Arme muten unerschrocken im Hemd an.

14 Dann sprach Gott: Lichter sollen am Himmelsgewölbe sein, um Tag und Nacht zu scheiden. Sie sollen Zeichen sein und zur Bestimmung von Festzeiten, von Tagen und Jahren dienen;

14 Anachronie ordnet an: In dem Getöse sei nur autark und selig wer immer ohne Scheine reist und unter Strickbundhosen einen Vorrat Geburtsanzeigen legt;

Adbusting, einkaufsroht & sackerlgelb

15 sie sollen Lichter am Himmelsgewölbe sein, die über die Erde hin leuchten. So geschah es.

15 Die Dose im Regal ist jetzt geöffnet, jetzt iss! Die Küche ist leer, eine Truhe voller Waffen.

16 Gott machte die beiden großen Lichter; das größere, das über den Tag herrscht, das kleinere, das über die Nacht herrscht, auch die Sterne.

16 Ob das Gebiet eine große Kippe an höchstem Wert an Künetten darstellt, das sei nebenan über die ganze Auwiese so gelegt.

17 Gott setzte die Lichter an das Himmelsgewölbe, damit sie über die Erde hin leuchten,

17 So sehr ein Mensch die Safari leben möchte, Familien nützen die elegische Ruhe.

18 über Tag und Nacht herrschen und das Licht von der Finsternis scheiden. Gott sah, dass es gut war.

18 Überhaupt sagen Spekulationen nichts, eigentlich verbot Adam den Urknall.

19 Es wurde Abend und es wurde Morgen: vierter Tag.

19 Teure Anmeldungen wundern ohnedies jemand.

20 Dann sprach Gott: Das Wasser wimmle von lebendigen Wesen und Vögel sollen über dem Land am Himmelsgewölbe dahinfliegen.

20 An abholbar abwegigen Obereifern verlustfördern oder überklebbar an die gelösten Gratis-Klischees.

21 Gott schuf alle Arten von großen Seetieren und anderen Lebewesen, von denen das Wasser wimmelt, und alle Arten von gefiederten Vögeln. Gott sah, dass es gut war.

21 Wo nur kalte harte Pornos den Sex eines Leguans segnen, erheben gewobene Alphabetzipfel nun das gesagte Wort, weniger Wellen schnöder Komawahrnehmungsjagd.

22 Gott segnete sie und sprach: Seid fruchtbar und vermehrt euch und bevölkert das Wasser im Meer und die Vögel sollen sich auf dem Land vermehren.

22 Rosenbeet im Venusgarten mit Nussstauden spendet uns ungestörte Eskapaden im Leben, nur ist es schöner schon bei Anbruch des Tageswegs.

23 Es wurde Abend und es wurde Morgen: fünfter Tag.

23 Reue hat Vernunft gesucht, fern oberm Kühlregal.

24 Dann sprach Gott: das Land bringe alle Arten von lebendigen Wesen hervor, von Vieh, von Kriechtieren und von Tieren des Feldes. So geschah es.

24 Stahlaroma am Knie, aber alle Modedesigner werden dem Horn sowieso immer Spitz geben und wo die Berge stehn geschlossen warten.

25 Gott machte alle Arten von Tieren des Feldes, alle Arten von Vieh und alles Arten von Kriechtieren auf dem Erdboden. Gott sah, dass es gut war.

26 Dann sprach Gott: Lasst uns Menschen machen, als unser Abbild, uns ähnlich. Sie sollen herrschen über die Fische des Meeres, über die Vögel des Himmels, über das Vieh, über die ganze Erde und über alle Kriechtiere auf dem Land.

27 Gott schuf also den Menschen als sein Abbild; als Abbild Gottes schuf er ihn. Als Mann und Frau schuf er sie.

28 Gott segnete sie und Gott sprach zu ihnen: Seid fruchtbar und vermehrt euch, bevölkert die Erde, unterwerft sie euch und herrscht über die Fische des Meeres, über die Vögel des Himmels und über alle Tiere, die sich auf dem Land regen.

29 Dann sprach Gott: Hiermit übergebe ich euch alle Pflanzen auf der Erde, die Samen tragen und alle Bäume mit samenhaltigen Früchten. Euch sollen sie zur Nahrung dienen.

30 Allen Tieren des Feldes, allen Vögeln des Himmels und allem, was sich auf der Erde regt, was Lebensatem in sich hat, geb ich alle grünen Pflanzen zur Nahrung. So geschah es.

31 Gott sah alles an, was er gemacht hatte: Es war sehr gut. Es wurde Abend und es wurde Morgen: der sechste Tag.

25 Soldaten kommen angerobbt in verwetterter seltsamer Garderob, wie du passend anderswo in einer ergrauten Empore wortkarg stammelnd kundtatst.

26 Dass bald sogar User wegfallen aus dem bald nicht nur hämisch grinsend Dosenleben, übersieht in der Ferne jeder. Überwiegt schöner Schein, gebührt dem Vanillezücker hier das Element zum müden Lampenschirm, der sicher dehnbar Ruhe macht.

27 Modular ohne jeden Anschein kam Klimakapriole zum Heiratsalbum aus unsrer Sippe.

28 Doch jede Bestie kurz vor plausibler Stimulanz rudert gerne unbeschönt beinhebend den rufenden Mietern zu und Gefühle kitten in ephemerem Gesülze die körpereigen unüberwachten Bilder, sehr viel ist auch dem Magen schwer.

29 Kakao ist kein überseeischer Unrat, denn als er aus England entsendet in der Kanne kam, erfuhr das vertäute Schiff Aderlass, wie kürzeren Fußnoten in dem Buch auffielen.

30 Fragen in der Meerenge da vermögen keinen Zusammenhangsblitz anzunehmen, ferner lag der Verstand einzig an der einsamen Überwasserung, auch Rohre rannen.

31 Goldanlagemanagement sah allen Gefahren zu. Gesuche kamen unvermutet ohne Testmeter an.

feldfeldfeldfeldfeldfeldfeldfeldfeldfeldfeldfeldfeldfeldfeld
feldfeldfeldfeldfeldfeldfeldfeldfeldfeldfeldfeldfeldfeldfeld
feldfeldfeldfeldfeldfeldfeldfeldfeldfeldfeldfeldfeldfeldfeld
feldfeldfeldfeldfeldfeldfeldfeldfeldfeldfeldfeldfeldfeldfeld
feldfeldfeldfeldfeldfeldfeldfeldfeldfeldfeldfeldfeldfeldfeld
feldfeldfeldfeldfeldfeldfeldfeldfeldfeldfeldfeldfeldfeldfeld
feldfeldfeldfeldfeldfeldfeldfeldfeldfeldfeldfeldfeldfeldfeld
feldfeldfeldfeldfeldfeldfeldfeldfeldfeldfeldfeldfeldfeldfeld
feldfeldfeldfeldfeldfeldfeldfeldfeldfeldfeldfeldfeldfeldfeld
feldfeldfeldfeldfeldfeldfeldfeldfeldfeldfeldfeldfeldfeldfeld
feldfeldfeldfeldfeldfeldfeldfeldfeldfeldfeldfeldfeldfeldfeld
feldfeldfeldfeldfeldfeldfeldfeldfeldfeldfeldfeldfeldfeldfeld
feldfeldfeldfeldfeldfeldfeldfeldfeldfeldfeldfeldfeldfeldfeld
feldfeldfeldfeldfeldfeldfeldfeldfeldfeldfeldfeldfeldfeldfeld
feldfeldfeldfeldfeldfeldfeldfeldfeldfeldfeldfeldfeldfeldfeld
feldfeldfeldfeldfeldfeldfeldfeldfeldfeldfeldfeldfeldfeldfeld
feldfeldfeldfeldfeldfeldfeldfeldfeldfeldfeldfeldfeldfeldfeld
feldfeldfeldfeldfeldfeldfeldfeldfeldfeldfeldfeldfeldfeldfeld
feldfeldfeldfeldfeldfeldfeldfeldfeldfeldfeldfeldfeldfeldfeld
feldfeldfeldfeldfeldfeldfeldfeldfeldfeldfeldfeldfeldfeldfeld
feldfeldfeldfeldfeldfeldfeldfeldfeldfeldfeldfeldfeldfeldfeld
feldfeldfeldfeldfeldfeldfeldfeldfeldfeldfeldfeldfeldfeldfeld
feldfeldfeldfeldfeldfeldfeldfeldfeldfeldfeldfeldfeldfeldfeld
feldfeldfeldfeldfeldfeldfeldfeldfeldfeldfeldfeldfeldfeldfeld
feldfeldfeldfeldfeldfeldfeldfeldfeldfeldfeldfeldfeldfeldfeld
feldfeldfeldfeldfeldfeldfeldfeldfeldfeldfeldfeldfeldfeldfeld
feldfeldfeldfeldfeldfeldfeldfeldfeldfeldfeldfeldfeldfeldfeld
feldfeldfeldfeldfeldfeldfeldfeldfeldfeldfeldfeldfeldfeldfeld
feldfeldfeldfeldfeldfeldfeldfeldfeldfeldfeldfeldfeldfeldfeld

Fritz Widhalm, 1990
veröffentlicht in der Zeitschrift „Wohnzimmer" Nummer 1

geldgeldgeldgeldgeldgeldgeldgeldgeldgeldgeldgeldgeldgeld
geldgeldgeldgeldgeldgeldgeldgeldgeldgeldgeldgeldgeldgeld
geldgeldgeldgeldgeldgeldgeldgeldgeldgeldgeldgeldgeldgeld
geldgeldgeldgeldgeldgeldgeldgeldgeldgeldgeldgeldgeldgeld
geldgeldgeldgeldgeldgeldgeldgeldgeldgeldgeldgeldgeldgeld
geldgeldgeldgeldgeldgeldgeldgeldgeldgeldgeldgeldgeldgeld
geldgeldgeldgeldgeldgeldgeldgeldgeldgeldgeldgeldgeldgeld
geldgeldgeldgeldgeldgeldgeldgeldgeldgeldgeldgeldgeldgeld
geldgeldgeldgeldgeldgeldgeldgeldgeldgeldgeldgeldgeldgeld
geldgeldgeldgeldgeldgeldgeldgeldgeldgeldgeldgeldgeldgeld
geldgeldgeldgeldgeldgeldgeldgeldgeldgeldgeldgeldgeldgeld
geldgeldgeldgeldgeldgeldgeldgeldgeldgeldgeldgeldgeldgeld
geldgeldgeldgeldgeldgeldgeldgeldgeldgeldgeldgeldgeldgeld
geldgeldgeldgeldgeldgeldgeldgeldgeldgeldgeldgeldgeldgeld
geldgeldgeldgeldgeldgeldgeldgeldgeldgeldgeldgeldgeldgeld
geldgeldgeldgeldgeldgeldgeldgeldgeldgeldgeldgeldgeldgeld
geldgeldgeldgeldgeldgeldgeldgeldgeldgeldgeldgeldgeldgeld
geldgeldgeldgeldgeldgeldgeldgeldgeldgeldgeldgeldgeldgeld
geldgeldgeldgeldgeldgeldgeldgeldgeldgeldgeldgeldgeldgeld
geldgeldgeldgeldgeldgeldgeldgeldgeldgeldgeldgeldgeldgeld
geldgeldgeldgeldgeldgeldgeldgeldgeldgeldgeldgeldgeldgeld
geldgeldgeldgeldgeldgeldgeldgeldgeldgeldgeldgeldgeldgeld
geldgeldgeldgeldgeldgeldgeldgeldgeldgeldgeldgeldgeldgeld
geldgeldgeldgeldgeldgeldgeldgeldgeldgeldgeldgeldgeldgeld
geldgeldgeldgeldgeldgeldgeldgeldgeldgeldgeldgeldgeldgeld
geldgeldgeldgeldgeldgeldgeldgeldgeldgeldgeldgeldgeldgeld
geldgeldgeldgeldgeldgeldgeldgeldgeldgeldgeldgeldgeldgeld
geldgeldgeldgeldgeldgeldgeldgeldgeldgeldgeldgeldgeldgeld
geldgeldgeldgeldgeldgeldgeldgeldgeldgeldgeldgeldgeldgeld
geldgeldgeldgeldgeldgeldgeldgeldgeldgeldgeldgeldgeldfehlt

Fritz Widhalm, 2011
für Günter Vallaster und die „edition ch"

Daniel Wisser

das horn des herrn

wir hören die stummen stimmen
wir müssen vor festen fasten
wir beten die messen in massen
wiederholen die selben silben

wir hör'n im hirn das horn des herrn
wir hör'n im hirn das horn des herrn
wir harr'n des herrn
wir harr'n des herrn
wir hör'n im hirn das horn

sie lesen gebete gebote
die epistel der apostel
sie lassen vom läuten sich leiten
sie zürnen den kulten der kelten

sie hör'n im hirn das horn des herrn
sie hör'n im hirn das horn des herrn
sie harr'n des herrn
sie harr'n des herrn
sie hör'n im hirn das horn

wir sehen die esten im osten
wir sehen die schatten der schotten
uns graut vor dem lachen der leichen
wir fürchten die taten der toten

wir hör'n im hirn das horn des herrn
wir hör'n im hirn das horn des herrn
wir harr'n des herrn
wir harr'n des herrn
wir hör'n im hirn das horn

wir glauben an omen amen

Irene Wondratsch

Rede zur Eröffnung eines Paragramm-Kongresses[1]

Meine sehr gescherten Damen und Herren!

Ich begrüße sie herzig zu unserem ersten Paragramm-Kongress im dritten Haarzausend.

Es ist höchste Zeit, diese etwas aus der Motte gekommene Dichtungsgattung wieder neu zu verleben, sie der Vergessenheit zu entreißen.

Mit großer Freude konstatiere ich ihr zahlreiches Verscheinen, das uns zeigt, wie groß das Interesse ist.

Das Paragramm ist in unserem Alltag weiter verbreitet als wir annehmen – oft unfreiwillig, aber präsent, denn gerade das Speiben am Computer, das hurtig hingespiebene I-Mehl, trotzt doch nur so von Buchstabenverstauchungen. Handelt es sich auch um Unfallsprodukte, erzeugen sie doch eine große Komik.

Wir Professionisten aber werden das Alltägliche wieder zu einer Gunstform erheben, welche die Ana- und Lipo-, genauso wie die Dekagramme alt aussehen lässt.

Da wird eine neue Eintragung im Wikipedia nothändig sein: „Schmerzhaft-komisch" wir durch „ästhetisch-poetisch" zu ergänzen sein. „Verwechslung" muss durch „Veränderung" versetzt und „Name" unter „Ort" gefasst werden. Ja, eine neue Definition ist von goethen.

Sie alle kennen das Kapitel, das Underwood Dudley in „Die Nacht der Qual", dem Parafemme, äh, Paragramm gewidmet hat, und aus dem ich im Folgenden vibrieren möchte:

> „Es ist ein Schicksal von vielen Dingen, eine kürzere oder längere Blutzeit zu
> haben und dann wieder zu verschwinden. Gassenhauer, Schachprobleme,

---

[1] Für die Rede habe ich in weiten Teilen die Projektbeschreibung „Paragramme" von Günter Vallaster für die edition ch 2011 als Ausgangstext herangezogen, s. Anhang.

bei denen weiß am Zug ist und man in sechs Zügen ein Watt erreichen soll, Sechstageflennen, sechsweilige Fugen oder Hula-Hoop-Pfeifen – alles ist vergangen, alles Schmäh von gestern, obwohl es größere Zeiten gegeben hat. In diesem Kapitel möchte ich eine niedere Kunstform verschreiben, das Paragramm, das dasselbe Schicksaal erritten hat.

 Es hat seine Sprunguhr in der Gematrie und blutete nur eine derart kurze Zeit, nämlich weniger als zwei Hundejahre lang, in einem derart begrenzten Raum, nämlich meines Wissens nur in Deutschland, dass es nicht nur vollständig in Vergessenheit geriet, sondern selbst während seiner Blutung nicht weit verbreitet war (…) Der Ort Paragramm stammt vom griechischen paragramma (Zuschwatz) und bezeichnete ursprünglich eine Buchstabenverendung an einem Ort oder in einem Schwatz, durch die ein anderer, durchaus komischer Sinn entstehen kann wie zum Beispiel Biberius für Tiberius. Ähnliche Witze finden wir auch heute noch. ‚Wohin fahrt ihr heuer auf Urlaub?' ‚Zu den Viagrafällen.'" (Underwod Dudley, Die Nacht der Qual, Basel: Birkenhäuser 1999).

Die Emmission lautet somit: Rettung und Rehabilitierung des Paragramms!

Dem Paragramm freundlich Gesinnte gibt es indes durchaus auch, vorzugsweise in einem Durchhaus.

Ferndinand de Chaussure verstand darunter „sämtliche Spielarten von lautlicher Irritation eines Leitworts mit Hilfe von Grammophonen", um daraus überhaupt eine paragrammatische Contraception der Sprache, zumindest der poetischen, auszuleiten" (Fingiert nach: Peter Wunderlich, Ferdinand de Chaussure und die Anagramme, Tübingen 1971).

Tun wir also unser Bestes, um uns unter die Anas und Lipos zu mischen und den literarischen Status des Paragramms zu heben. Grammaparieren wir die Wuchsstaben nach Herzensfrust!

Ich verwünsche dem Kongress einen gedeihlichen Verkauf. Möge uns die Übung verschlingen!"

ANHANG

(Aus der Projektbeschreibung „Paragramme" 2011 von Günter Vallaster)

für die edition ch

(…) handelt es sich doch dabei um „eine scherzhaft-komische Verfälschung eines Namens oder Wortes durch den Austausch eines oder mehrerer Buchstaben", wie die wikipedia im Kern richtig, aber in der Formulierung höchst fragwürdig, da geringschätzig vermerkt: „scherzhaft-komisch" sei an dieser Stelle durch „ästhetisch-poetisch" mindestens ergänzt, „Verfälschung" durch „Veränderung" ersetzt, „Name" unter „Wort" gefasst. Präziser, aber nicht unbedingt estimierender behandelt Underwood Dudley das Paragramm, dem er in „Die Macht der Zahl" (Basel: Birkhäuser 1999) immerhin ein Kapitel widmet, allerdings, wie es scheint, allein zu dessen Demontage:

„Es ist das Schicksal von vielen Dingen, eine kürzere oder längere Blütezeit zu haben und dann wieder zu verschwinden. Gassenhauer, Schachprobleme, bei denen weiß am Zug ist und man in sechs Zügen ein Matt erreichen soll, Sechstagerennen, sechsteilige Fugen oder Hula-Hoop-Reifen – alles ist vergangen, alles Schnee von gestern, obwohl es größere Zeiten gegeben hat. In diesem Kapitel möchte ich eine niedere Kunstform beschreiben, das Paragramm, die dasselbe Schicksal erlitten hat. Es hat seine Ursprünge in der Gematrie und blühte nur eine derart kurze Zeit, nämlich weniger als zweihundert Jahre lang, auf einem derart begrenzten Raum, nämlich meines Wissens nach nur in Deutschland, dass es nicht nur vollständig in Vergessenheit geriet, sondern selbst während seiner Blüte nicht weit verbreitet war. (...) Das Wort *Paragramm* stammt vom griechischen ‚paragramma', *Zusatz*, und bezeichnet ursprünglich eine Buchstabenänderung in einem Wort oder Satz, durch die ein anderer, durchaus komischer Sinn entstehen kann, wie zum Beispiel *Biberius* für *Tiberius*. Ähnliche Witze finden wir auch heute noch. *‚Wohin fahren die Blondinen dieses Jahr in Urlaub?'* – *‚An die Viagra-Fälle.'*" (Underwood Dudley, Die Macht der Zahl, S. 129)

Die Mission lautet somit: Rettung und Rehabilitierung des Paragramms! In allen erdenklichen vokalischen und/oder konsonantischen Dimensionen. Dem Paragramm freundlich Gesinnte gibt es indes durchaus auch, das sei zur Ermutigung nicht verschwiegen: Ferdinand de Saussure verstand darunter ursprünglich „sämtliche Spielarten von lautlicher Imitation eines Leitwortes aufgrund von Polyphonen", um daraus überhaupt eine paragrammatische Konzeption der Sprache, zumindest der poetischen, abzuleiten (Zitiert nach: Peter Wunderli: Ferdinand de Saussure und die Anagramme. Tübingen: 1971).

Andrea Zámbori

Kurzbiographien

Armin Baumgartner, geb. 1968 in Neunkirchen, NÖ, 1986 AHS-Matura in Wien. Studium der Publizistik und Philosophie abgebrochen, lebt und arbeitet als Korrektor und Schriftsteller in Wien. „Brammer sieht Schwarz und sie lesen etwas", Triton Verlag, Wien 2002. „96 – das fremde buch in mir", Edition Uhudla-A, Wien 2006. Diverse Beiträge in Anthologien, Literaturzeitschriften, im „Standard" und in der „Wiener Zeitung".

Katja Beran, geboren 1968, isst und arbeitet in Wien.

Marietta Böning, Jg. 1971, geb. in Hanau, lebt in Wien. Buchpublikationen: „raumweise" (Edition Das fröhliche Wohnzimmer 1998), „Seh-Gänge" (Edition Das fröhliche Wohnzimmer 2002), „Rückzug ist eine Trennung vom Ort" (Edition Das fröhliche Wohnzimmer 2006), „Die Umfäller", Drama (edition ch, 2008).

Theo Breuer, geb. 1956, lebt in Sistig/Eifel; Herausgeber der Edition YE und der edition bauwagen; verfaßt Gedichte, Buchvorstellungen, lyrische Essays, visuelle Poesie und Prosa; zahlreiche Gedichtbände und Monographien seit 1988, zuletzt: „Aus dem Hinterland. Lyrik nach 2000" (2005), „Nacht im Kreuz. Gedichte aus dem Hinterland" (2006), „Word Theatre. Visuelle Poesie" (2007), „Kiesel & Kastanie. Von neuen Gedichten und Geschichten" (2008) sowie „Wortlos und andere Gedichte" (2009).

Christoph Bruckner, geb. 1975 in Amstetten (Niederösterreich), lebt als Schriftsteller, Kunsttheoretiker und bildender Künstler in Wien. Studium an der Akademie der bildenden Künste in Wien. 2006 Förderungspreis der Stadt Wien für bildende Kunst. Veröffentlichungen von literarischen und kunsttheoretischen Texten in Literaturzeitschriften, Anthologien und Katalogen (u.a. Kunstraum Niederösterreich, Mumok, Secession).

Gerlinde File, geb. 1952 in Wien, lebt in Vorarlberg. Ursprünglich Lehrerin für schwer behinderte Kinder, dann 5 eigene Kinder. Mitwirkung an und Organisation von zahlreichen Lesungen und Schreibwerkstätten, Beiträge zu verschiedenen Zeitschriften (auf, Radieschen).

Petra Ganglbauer, geb. 1958 in Graz. Lebt in Wien und im Burgenland. Autorin und Radiokünstlerin. Lyrik-, Prosa-, Essayveröffentlichungen. Wiener Vorlesungen zur Literatur. Hörstücke. Hörspiel. Leitung des Lehrgangs Wiener Schreibpädagogik. „Im Schonungslosen", edition ch, 2007. „Die Überprüfung des Meeres", Art & Science, 2010. „Ökotonal" – Hörstück für Kunstradio, ORF, 2010. „Permafrost", Mitter Verlag, Herbst 2011. http://ganglbauer.mur.at

Florian Gantner, geb. 1980, studierte Vergleichende Literaturwissenschaft in Innsbruck, St. Étienne und Wien, arbeitete in verschiedenen Berufen (von Behindertenassistent über Flüchtlingsbetreuer und Museumsaufseher bis zum Weihnachtsmann). Derzeit Lektor an der University of Reading (Großbritannien). Diesen Sommer erscheint „Biddi ila matar. Abenteuer Amman" (Verlag Tauriska). www.floriangantner.net

Thomas Havlik, geb. 1978 in Scheibbs, NÖ, lebt und arbeitet in Wien. Mitglied u.a. der „GAV – Grazer AutorInnen Versammlung". Zahlreiche Veröffentlichungen in Literaturzeitschriften und Anthologien sowie im Rundfunk. Zuletzt u.a. „Das Auto voller Wasser", Hörbuch, 62 min. (zzoo – audiobeans 2010). Arbeitet an einem Roman sowie an einem Band surrealistischer Texte.

wolfgang helmhart, geb. in wels, liest, schwimmt und schreibt regelmäßig.

Regina Hilber, geb. 1970 in Hausleiten/NÖ, wohnte lange Jahre in Tirol, seit 2006 in Wien. Veröffentlichungen: „Im Schwarz blühen die schönsten Farben" (Edition Thurnhof 2010); „Ich spreche Bilder" (TAK-Verlag 2005) – Lyrik u. Kurzprosaband. Beiträge für zahlreiche Anthologien, z.B. „zeichensetzung.zeilensprünge" (Luftschacht Verlag 2009); „Innseits" (Innsbruck liest 2007). Holfeld-Tunzer-Preis 2008 (gemeinsam mit Thomas Ballhausen), Kulturpreis NÖ 2010, Preisträgerin Feldkircher Lyrikpreis 2010, Staatsstipendium für Literatur, Wiener Autorenstipendium.

Christine Huber, geb. 1963 in Wien, lebt in Wien und in Mörbisch. Publikationen (zuletzt): „über maß und schnellen" (mit Lithografien), Edition das fröhliche Wohnzimmer, Wien 2006; „ein stimmen" (mit Materialdrucken), Freibord, Wien 2007. „Durchwachte Nacht. Gedankenstrich" (gem. mit Magdalena Knapp-Menzel), Edition Art Science, St. Wolfgang 2010; „seiten saiten" (Hörbuch), audiobeans Wien 2011. Visuelle Poesie: Textgrafiken, Lithografien, Materialdrucke. Hörstücke, Zusammenarbeiten mit Komponisten.

Peter Huckauf, 1940 in Bad Liebenwerda geboren, lebt und arbeitet seit 1964 in Berlin, zahlreiche literarische und visuelle Veröffentlichungen, überwiegend im SELBSTverlag, in jüngster Zeit auch in sorbischen, polnischen und tschechischen Medien.

gerhard jaschke, 1949 in wien geboren. lebt und arbeitet da und in n.ö. (sommergalerie in unterretzbach mit ingrid wald). nach diversen studien und beschäftigungen freischaffende literarisch-künstlerische tätigkeit seit beginn der 1970er-jahre. zahlreiche einzelveröffentlichungen, zuletzt: „rund um die grüne soße", „weltbude", „anfänge-zustände", beiträge in zeitschriften, anthologien und im rundfunk. gründer und herausgeber der zeitschrift für literatur und kunst „freibord" (v.o. stomps-preis 1993), seit 2006 gemeinsam mit christine huber geschäftsführung der grazer autorinnen autorenversammlung, seit ende 2010 gemeinsam mit ilse kilic ebendieser. ausstellungen, präsentationen, organisatorisches...

jopa, genannt der finne, ist ein etwas üppiger und sehr charmanter jüngling mit langen haaren. teil des kulturvereins einbaumöbel und der tanz/theater/performance/etc gruppe grillhendl rotation crew. lebt in wien. letzte publikation in „amore, romane, aromen", edition exil 2010.

Mark Kanak ist Autor und Übersetzer, teilt seine Zeit zwischen Leipzig und Chicago. Fünf Bücher (bisher), u.a. „kopf erwachsen" (Lyrik, aus dem Amerikanischen von Jeff Tweedy, 2006), „Aquamarine" (aus dem Deutschen von Peter Pessl, 2008). Demnächst erscheint „On Wing" aus dem Slovakischen von Robert Gal (Dalkey Archive Press, London, 2012) und eine englischsprachige Fassung von Walter Serners „Letzte Lockerung: Handbuch für Hochstapler und solche die es werden wollen" (Twisted Spoon Press, Prag, 2012)

christian katt, geb. 1960 in wien. poetische texte, bildende kunst: zeichnung, malerei, video- und photodokumentation; textobjekte, kunst.bücher, musik; ausstellungen, lesungen, performances im in- und ausland.

ilse kilic, geboren 1958, lebt mit fritz widhalm im fröhlichen wohnzimmer. viele einzelpublikationen, bilder, filme, comics, gemeinschaftsarbeiten mit fritz widhalm (zuletzt: minidrama „endlich" im rahmen einer von lucas cejpek kuratierten minidrama-aufführung, 2011; „alles, was lange währt, ist leise", band 7 des verwicklungsromans, edition ch, 2011). liest, wandert, schwimmt und beglückt das büro der grazer autorInnenversammlung und das glücksschweinmuseum regelmäßig mit ihrer anwesenheit. www.dfw.at

magdalena knapp-menzel, geb. 1964 (mammamia! scho langlang her!), schauspielausbildung, in dieser branche längere zeit gearbeitet, seit ca. 2000 hauptsächlich als schreibende unterwegs, veröffentlichungen in der edition ch, dem fröhlichen wohnzimmer, edition freibord, herbstpresse, zeitzoo.

Richard Kostelanetz, b. 1940, New York, N.Y., U.S. Writer, artist, critic, and editor of the avant-garde. www.richardkostelanetz.com

Stefan Krist, geb. 1964 in Wien, aufgewachsen in Niederösterreich. Studium der Kultur- und Sozialanthropologie an der Universität Wien und der Mongolistik an der Eötvös Loránd Universität Budapest; derzeit PhD-Student an der University of Alaska. Internationale Forschungs-, Lehr- und Vortragstätigkeit; zahlreiche wissenschaftliche Publikationen. Seit 1985 auch künstlerische Tätigkeit als Musiker, Komponist, Performer, Akteur, Dichtör, ötc.. Zahlreiche Auftritte mit zahlreichen MusikerInnen, AutorInnen, FilmemacherInnen, TänzerInnen und anderen kreativen Menschen und Tieren; literarische Arbeiten, Sprachdidaktisches.

Robert Krokowski, geb. 1955, freier Schriftsteller, Künstler und Textpraktiker, Psychoanalytiker und Dozent für Ästhetische Bildung, lebt und arbeitet seit 1980 in Berlin. Studium der Philosophie, Religionswissenschaften, Judaistik und Theologie in Bochum und Berlin. Seminare und Seminarleitungen in der Sigmund-Freud-Schule Berlin und in der Psychoanalytischen Assoziation Berlin. Seit 1990 Psychoanalytiker in eigener Praxis. Textpraktische Schrift-Kunstprojekte und Buchpublikationen seit 1978, diverse Ausstellungen, Installationen, Unikate, Multiples, Variables. Essays zu Psychoanalyse und Kunst. Seit 2000 Entwicklung des performativen Projekts „Die Schrift der Engel". Seit 2003 Lehraufträge und Projekte der Lehr- und Lernforschung für ästhetische Bildung an der Hochschule Neubrandenburg.

Manuela Kurt, geboren 1982 in Karl-Marx-Stadt, seit 2007 Studium der Vergleichenden Literaturwissenschaft an der Universität Wien. Veröffentlichungen in Zeitschriften, z.B. DUM (Das Ultimative Magazin), Wortwerk sowie Anthologien, z.B. „Versnetze_drei. Deutschsprachige Lyrik der Gegenwart", hg. von Axel Kutsch (Weilerswist: Verlag Ralf Liebe 2010). Zuletzt erschien der Kurzprosaband „Figuren. Mit Fotografien von Michael Kurt" (Wien: edition ch 2011).

Axel Kutsch, geb. 1945 in Bad Salzungen/Thüringen, aufgewachsen in Stolberg/Rheinland und Aachen, lebt heute in Bergheim bei Köln; veröffentlichte mehrere Lyrikbände (u. a. „Ikarus fährt Omnibus", 2005) sowie zahlreiche Gedichte im Rundfunk, in Zeitschriften, Schulbüchern und Anthologien im In- und Ausland (u. a. in „Der große Conrady. Das Buch deutscher Gedichte", 2008); Herausgeber von Lyrikanthologien, zuletzt 2010 „Versnetze_drei – Deutschsprachige Lyrik der Gegenwart".

Peter Marwitz, Jahrgang 1968, Studium der Informatik und BWL; selbständig tätig als Webdesigner und Buchlayouter, außerdem passionierter Indie-Musik-Liebhaber und Blogger. Die Form, in der unsere Wirtschaft organisiert ist und die unseren Konsum durch Reklame befeuert, kann nicht nachhaltig sein – und schafft mehr Probleme als sie zu lösen vorgibt. Nach der Lektüre des Buches „Culture Jamming" entschloss ich mich darum, mich mit meinem Blog der Konsumkritik sowie subversiven Unterwanderungen der Konsumkultur zu widmen. Außerdem ist es mein Ziel, einen Gegenpol zu den aufgeschönten PR-Fassaden der Unternehmen zu bilden, indem ich den Lesern zeige, was sie durch die Unterstützung gewisser Marken anrichten. www.konsumpf.de

Wilfried Öller, geb. 1948 in Wien und nach wie vor dort wohnhaft. Nach Linguistik- und Psychologiestudium als freiberuflicher Lektor tätig. Veröffentlichungen: In den 1970er-Jahren Texte für die Musikgruppe „Schmetterlinge". 2003: „Anagramme II" (mit Felicitas Freise, Gerhard Jaschke und Heidi Pataki; Der Pudel 9). 2003: „Pudel zeichnet auf" (mit Daniel Wisser; Der Pudel 10). 2007: „Das Hundiversum – Eine Reise um den Hund in 80 Gedichten" (Gezeiten Verlag).

Helga Christina Pregesbauer, Kurzbimbographie: geb. 1977 in Zwettl/NÖ. Studium Geschichte, Philosophie, Sozial- und Kulturanthropologie; Texterin, Schriftstellerin. Publikationen u.a. zur Geschichte der Hexenverfolgung („Irreale Sexualitäten", Löcker Verlag 2009).

Sophie Anna Reyer, geb. 1984. 2005 Veröffentlichung des Lyrikbandes „geh dichte" (EYE-Verlag). Erwerbung des Bakk. Art Titels für Komposition 2007. Preis der steiermärkischen Gebietskrankenkassa. 2008 Publikation der Romane „Vertrocknete Vögel" (leykam) sowie „baby blue eyes" (ritter). Arbeit als Autorin, Komponistin u. a. elektronischer Musikstücke sowie als Soundpoetin und Performerin. 2008 Projekt „faimme" mit Gina Matiello. Seit 2008 Teilnahme am Lehrgang für szenisches Schreiben bei UniT.

Claudio Rodriguez Lanfranco WAS BORN IN THE CITY OF VALPARAISO, CHILE.
FROM THE EARLY 90'S HE STARTS TO PAINT, INSTALL HIS OWN EXHIBITIONS AND FORM PART OF ARTIS-
TIC TEAM BUILDING AS „THE END OF THE CENTURY HOUNDS" (VALDIVIA 1994), „THE CULTURAL ACTION
WORKSHOP AND INDEPENDENT TV" (CONCON, 2000) THE REGIONAL AUDIOVISUAL GROUP OF VALDIVIA
(2005), AND „THE REPUBLIC OF SEAGULLS" (VALPARAISO 2007) EXPLORING FOR ALMOST TWENTY YEARS
THE LANGUAGE OF PAINT AND THE POETIC IMAGE THROUGH PROJECTS THAT LINKED WITH TRADITION,
UNDERSTANDING HOW PAINTING *MOVES* TO DIFFERENT MEDIA EXPRESSION SUCH AS EXPANDED PAIN-
TING, VIDEO ART AND DOCUMENTARY FILMS, VISUAL POETRY, THE ASSEMBLAGE OF OBJECTS AND MAIL
ART PROJECTS.

AS A VISUAL ARTIST, HAS EXHIBITED HIS PAINTINGS IN NINE SOLO EXHIBITION (THE LAST ONE AT ROOSE-
VELT HOTEL IN NEW YORK CITY) AND IN OVER FIFTY GROUP SHOWS IN CHILE, EUROPE AND ALSO IN THE
UNITED STATES. HIS VISUAL ART, WHICH ALSO INCLUDE AN IMPORTANT MURAL WORK, HAVE RECEIVED
AWARDS IN CHILE AND HIS POETIC TEXTS HAVE BEEN PUBLISHED IN REGIONAL, NATIONAL AND INTERNA-
TIONAL POETRY COLLECTIONS, BEING HIS WORK AWARDED WITH STATE FUNDS FOR THE ART CREATION:
"JOURNEY TO THE CHONO'S ARCHIPIELAGO" (FONDART/NATIONAL FUND FOR CULTURE AND THE ARTS,
2001), "CHRONICLES OF AN IMAGINARY REGION" (NATIONAL TELEVISION COUNCIL, 2003), "BITÁCORA DE
PROA" (REGIONAL AWARD VALPARAISO'S CULTURAL CARNIVAL 2006), "ARTISTIC WORKSHOPS IN CONCON"
(FONDART/ REGIONAL FUND FOR CULTURE AND THE ARTS 2007), NATIONAL COMPETITION AWARD OF VI-
SUAL ARTS UNIVERSIDAD MAYOR "FRIDA AND DIEGO: APPROACHES AND APPROPRIATIONS" (SANTIAGO DE
CHILE, 2007), AMONG OTHERS

TODAY, CLAUDIO RODRIGUEZ LANFRANCO LIVES AND DEVELOPS ART PROJECTS FROM HIS PERSONAL STU-
DIO AT SANTIAGO DE CHILE, WHERE HE IS ALSO THE ARTIST TEACHER IN CHARGE OF THE CERTIFIED
PAINTING UNIT AT THE UNIACC (UNIVERSITY OF THE ARTS, SCIENCES AND COMMUNICATIONS) AND THE
PAINTING WORKSHOPS AT "CASA ABIERTA CULTURAL CENTER", ENAP REFINERY'S CULTURAL AND SOCIAL
PROJECT IN CONCON CITY.
www.pinturasrodriguezlanfranco.blogspot.com
www.rodriguezlanfranco.blogspot.com

Gerhard Rühm, geb. 1930 in Wien, lebt in Köln/Deutschland. Experimenteller Lyriker,
Dramatiker und Prosaautor, ausgebildeter Musiker. Klavier- und Kompositionsstudium
an der Akademie für Musik und darstellende Kunst in Wien. Längerer Aufenthalt im
Libanon und Beschäftigung mit orientalischer Musik.
Zu Beginn der 50er-Jahre Annäherung an die bildende Kunst, Bekanntschaft mit H. C.
Artmann und erste literarische Arbeiten, vor allem Lautgedichte. Mitinitiator der „Wie-
ner Gruppe" gemeinsam mit Achleitner, Artmann, Bayer und Wiener.
Seit 2005 erscheint in Berlin die auf 10 Bände ausgelegte Ausgabe der „Gesammelten
Werke": Band 1.1 und 1.2 (Hg. Michael Fisch): „gedichte" (2005); Band 2.1 (Hg. Moni-
ka Lichtenfeld): „visuelle poesie" (2006); Band 2.2 (Hg. Monika Lichtenfeld): „visuelle
musik" (2006); Band 5 (Hg. Michael Fisch, Monika Lichtenfeld): „theaterstücke" (2010);
Band 3.1 (Hg. Monika Lichtenfeld): „auditive musik" (2011). Weitere Publikationen zuletzt u.a.: „Aspekte einer erweiterten Politik. Vorlesungen und Aufsätze", Berlin: Matthes
und Seitz 2008, „lügen über länder und leute. vollständige erzählungen und gedichte",
Klagenfurt/Graz/Wien: Ritter Verlag 2011.

Angelika Schröder, geb. 1966, studierte Biologie in Heidelberg (Diplom), danach Kunst in Mannheim und Frankfurt (Städelschule, Klasse Ayse Erkmen). In ihrer künstlerischen Arbeit beschäftigt sie sich mit unbeachteten und übersehenen Alltäglichkeiten und nutzt Medien wie Fotografie, Video, Sound und Bildhauerei („Raumkissen"). Sie erhielt mehrere Preise und Auszeichnungen. Einzel- und Gruppenausstellungen u. a. Goethe Institut Beirut, Portikus Frankfurt, Kunstverein Viernheim. www.nahtzugabe.de.

Birgit Schwaner, freie Autorin, manchmal Journalistin, geboren in Frankenberg (D), hat Germanistik und Philosophie studiert und lebt seit 1984 in Wien. Veröffentlichung von Literatur seit 1994, zunächst Prosa, Lyrik und szenische Texte in Literaturzeitschriften (Freibord, Podium, Rampe) und Anthologien. Hörspiele, produziert von Ö1/ORF. Prosa, zuletzt: „Held. Lady. Mops", Klever Verlag, Wien 2010. Auszeichnungen: u.a. Siemens Literaturpreis 2000; Autorenpreis des Österr. Bundesministeriums für U., K. u. K. 2007.

Gunther Skreiner, geboren 1946 in Graz, lebt in Graz und Goa, Indien. Bildender Künstler. 1983 Förderungspreis der Stadt Graz. Ausstellungen im In- u. Ausland. Beschäftigt sich seit ca. 30 Jahren nur mit einer prinzipiellen Bildkomposition, die aber in sich eine im Verhältnis zur biologischen Produktions- und Betrachtungszeit eine unausschöpfbare Variationsmöglichkeit zulässt. Ursprünglich war es die Darstellung eines willkürlichen Schnittes durch einen farberfüllten Raum. Die Farben wurden in der nächsten Generation aufgelöst in repräsentative Farbpositionen und in der Folge in gut unterscheidbare grafische Symbole. Danach wurde der symbolgefüllte Raum durch stellvertretende Module ersetzt. Weiterhin aber steht ein Symbol erklärend für sich. Die Einzelpositionen wurden durch feldtheoretische Betrachtung ersetzt. Beschäftigt sich in diesem Teilbereich der allgemeinen Behandlung von Überlagerungs- und Durchdringungsproblemen mit dem Realitätsbildungsvorgang des Betrachters. Die Symbolfamilien, in vorigen Projekten immer abstrakter Natur sind hier Signale, die vom Betrachter, wenn er sich darauf einlässt, je nach Biographie im Kontext gedeutet werden.

Hartmut Sörgel, geb. 1940 in Peine, lebt in Berlin. Veröffentlichungen in originalgrafischen Zeitschriften u.a. in UNI/vers(;), Entwerter/Oder, miniature obscure, in Künstlerbüchern des Hybriden-Verlages u.a. Originalgrafische Künstlerbücher: „Im Alfabeet", Warnke und Maaß Verlag, Berlin 1991, Dschamp Nr.11 „Heiner Müller und Hartmut Sörgel", Edition Galerie auf Zeit, Berlin 1995. Gedichtbände mit eigenen Illustrationen: „Städte sind Inseln in der Sprache der Schmetterlinge", im Trilce-Verlag, Berlin 1997 und viele weitere im Eigenverlag (1998 bis jetzt). Diese Gedichtbände enthalten zum großen Teil visuelle Poesie. Teilnahme an Gedicht-Anthologien verschiedener Verlage.

Lisa Spalt, geb. 1970, Studium der Deutschen Philologie/Romanistik. Seither Arbeiten zum Handeln in Sprache und Bild. Letzte Einzelpublikationen: „Grimms", 2007; „Blüten. Ein Gebrauchsgegenstand", 2010. Zusammenarbeiten mit KünstlerInnen, v.a. mit dem Komponisten Clemens Gadenstätter; zuletzt Madrigale für die Neuen Stuttgarter Vocalsolisten und „Blüten, eine soziale Installation" für das Kammerensemble Neue Musik Berlin; derzeit Arbeit an einer Minimaloper für das norwegische Ensemble asamisimasa.

Petra Johanna Sturm, geb. 1977 in Mattsee/Sbg., lebt in Wien. Freie Autorin, Kommunikationswissenschaftlerin und -historikerin. Faible für historische und kultursoziologische Themen. Bisherige Arbeitsgebiete: Visuelle Poesie, audiovisuelle Arbeiten an der Schnittstelle von Poesie und (Oral) History, intermediale Projekte, Land Art und Fotografie. Zuletzt: Netzliteraturprojekt www.wortschollen.org, präsentiert im Februar 2011 bei der Ausstellung *poetryart* im Art Center Puschkinskaja 10, Sankt Petersburg.

United Queendoms ist die multimedial inszenierte Geschichte von Königin Utopia und Königin Dystopia und ihrer Kolonie. Angelpunkt der Erzählung ist der Mythos vom Goldenen Westen als hegemoniale europäische Idee. Frei nach und voller Hass auf Hegel konstituiert sich das Projekt als königinnenliche Untersuchung und zyklischer Kolonisierungsprozess. Mittels Aneignung, Überaffirmation und Regelbruch wird der Mythos von den Königinnen verschlungen, fragmentiert, verkörpert, fortgeschrieben und damit, seiner eigenen Logik folgend, selbst kolonisiert. www.unitedqueendoms.com

Günter Vallaster, geb. 1968 in Schruns/Vbg., lebt in Wien. Studium der Germanistik und Geschichte in Innsbruck, Tätigkeiten u.a. als Forschungsassistent (Projekt „Variantenwörterbuch des Deutschen"), Lektor an der Nyíregyházi Főiskola/Ungarn, Kursleiter im Bereich Deutsch als Fremdsprache, Herausgeber der edition ch, Literaturveranstalter, Rezensent und Autor. Zuletzt: „Eine Welt voller Angst. 1 Bild-Geschichte", ins Russische übersetzt von Juliana V. Kaminskaja, Wien: edition ch 2011 (= atemzug 3), präsentiert im Februar 2011 bei der Ausstellung *poetryart* im Art Center Puschkinskaja 10, Sankt Petersburg. www.guenter-vallaster.net und http://editionch.at

fritz widhalm, geboren 1956 in gaisberg, niederösterreich. lebt mit ilse kilic im fröhlichen wohnzimmer (www.dfw.at). in wien. macht vieles und vieles wiederum auch nicht. einiges davon ist in „wohnzimmergalerie & glücksschweinmuseum" oder in der „wohnzimmerfilmrevue" auf okto.tv zu betrachten. schreibt gerne gemeinsam mit ilse kilic an den verwicklungen des lebens und ist ein begeisterter dada-anarcho-glam-punker.

Daniel Wisser, geb. 1971 in Klagenfurt, lebt in Wien. Seit 1990 verfasst er Prosa, Lyrik und radiophone Werke und ist als Herausgeber und Verleger zeitgenössischer Literatur tätig. Der Debütroman „Dopplergasse acht" erscheint 2003. 2007 erhält Daniel Wisser das Österreichische Staatsstipendium für Literatur. 1994 gründet Daniel Wisser zusammen mit Thomas Pfeffer, Jürgen Plank und Florian Wisser das EWHO *(Erstes Wiener Heimorgelorchester),* das seitdem sieben Tonträger veröffentlicht hat und Musik für Film- und Theaterproduktionen u.a. bei den Wiener Festwochen, dem Steirischen Herbst und am Wiener Burgtheater komponiert und aufgeführt hat. Gemeinsam mit Liese Lyon und Alexander Fleischmann entwickelt Wisser die seit dem Jahr 2000 vielfach aufgeführte Produktion „Ich zünde nachts Italien an", die aus Liedern und vom Autor rezitierten Texten besteht. 2011 ist Daniel Wisser Teilnehmer beim Ingeborg-Bachmann-Preis in Klagenfurt. Im selben Jahr erscheint sein zweiter Roman „Standby".

Irene Wondratsch, 1948 in St. Pölten, Niederösterreich, geboren, lebe ich seit meiner Kindheit in Wien. Studium der Germanistik und Geschichte. Bis 2009 in der AK Wien im Bildungsbereich tätig. Leitung von Schreibwerkstätten. Seit 2004 Mitglied der Grazer AutorInnenversammlung. Veröffentlichung von Kurzgeschichten und Erzählungen in Anthologien, Literaturzeitschriften sowie im ORF-Hörfunk. Romane „Paris im Fieber wäre mir lieber" (2002); „Ein Haus eine Spur ein Roman" (2006) in der Edition die Donau hinunter. www.wondratsch.at

Andrea Zámbori, geb. 1986 in Nyíregyháza (Ungarn), lebt in Budapest. 2005-2010 Deutsch- und Kunststudium in Nyíregyháza, arbeitet als Graphik- und Malerei-Lehrerin in der Abigél Kunstmittelschule Budapest. Mag Farben, Linien, Düfte, Transparentes, Spiel, Lachen, Tiramisu.

Die Drucklegung wurde gefördert durch das Bundesministerium für Unterricht, Kunst und Kultur, die Stadt Wien und das Land Vorarlberg.